5가지 골든룰을 통해 배우는 윈윈협상의 원리

최고의 협상

5가지 골든룰을 통해 배우는 윈윈협상의 원리

최고의 협상

이태석 지음

한나래플러스

5가지 골든룰을 통해 배우는 윈윈협상의 원리
최고의 협상

2018년 12월 5일 1판 1쇄 펴냄
2022년 4월 30일 1판 2쇄 펴냄

지은이 | 이태석
펴낸이 | 한기철, 조광재

편집 | 우정은, 이은혜
디자인 | 심예진
마케팅 | 신현미

펴낸곳 | (주)한나래플러스
등록 | 1991. 2. 25. 제22–80호
주소 | 서울시 마포구 토정로 222 한국출판콘텐츠센터 309호
전화 | 02) 738–5637 · 팩스 | 02) 363–5637 · e–mail | hannarae91@naver.com
www.hannarae.net

ⓒ 2018 이태석
ISBN 978–89–5566–222–1 03320

오늘도 최고의 협상을 향해 나아가는 당신에게 —

이 책을 손에 든 당신은 실제로 조직에서 비즈니스 협상에 자주 참여하거나 평소 협상에 대해 관심을 가지고 있는 사람일 것이다. '현재 진행 중인 협상을 어떤 방식으로 풀어야 할까?', '나도 협상을 잘할 수 있을까?'라는 고민을 한번쯤 해보고, 언론에 보도된 협상 결과를 보면서 '허, 저런 방법이 있었네. 왜 나는 거기까지 생각하지 못했지' 하고 아쉬워해본 이들일 것이다. 본서는 그런 궁금증을 가진 사람들을 위해 실전에서 활용할 수 있는 '작은 팁'을 드리고자 집필한 책이다. 작다고 표현한 것은 의례적인 겸손의 표현이 아니다. 내가 알고 있는 지식이 전체에 비하면 여전히 모자라다는 점을 인정하지 않을 수 없다. 그럼에도 불구하고 '작은 팁'은 분명히 독자들이 맞닥뜨리게 되는 다양한 협상에서 도움이 될 것이다. 오랜 기간 실제로 검증이 되었기 때문이다.

'최고의 협상'이라는 다소 거창한 제목을 붙인 이유는 이 책이 최고의 협상은 무엇인지를 논하거나, 최고의 협상이라 칭할 수 있는 사례를 담고 있어서가 아니다. 협상은 사람과 사람 사이에 이루어지는 상호작용적인 의사소통 과정이요, 그런 의미에서 우리는 모두 협상가이고 최고의 협상을 꿈꾸는 이들이라는 생각에서 비롯된 제목이다. 가족 간 의사결정, 직장 상사와의 업무 조율, 연봉협상, 영업협상, 노사협상, M&A협상 등등 모든 의사소통 과정에서 우리는 모두 최고(최선)의 결과를 지향하지 않는가.

　20년 동안 직장생활에서 협상을 경험하고 IGM 세계경영연구원에서 10년 가까이 관련 강의를 하며 자리 잡은 생각은 '최고의 협상'이란 상대가 원하는 것을 내어줌으로써 결국 내가 원하는 것을 가져오는 협상이라는 것이다. 이는 곧 한정된 파이를 두고 서로 다투는 싸움이 아니라 '어떻게 하면 파이 전체의 크기를 키워 함께 나눌 수 있을까?'를 고민하여 양측 모두가 만족할 수 있는 최선의 결과를 도출하는 윈윈협상을 말한다. 따라서 이 책에서는 협상가들이 지켜야 할 다섯 가지 골든룰을 통해 윈윈협상의 원리를 제시하고자 하였다. 일상생활에서 접할 수 있는 사례부터 국내외 다양한 비즈니스 협상과 외교 협상까지 아우르는 풍부한 예시를 통해 윈윈협상의 원리를 짚어냄으로써 독자들이 각자의 분야에서 최고의 협상을 이루는 데 도움을 드리고자 하였다.

　책을 쓰면서 줄곧 고민한 것은 '어떻게 하면 초보자는 물론이고 경험이 많은 이들까지 좀 더 쉽게 협상의 본질에 접근하고 실제 협상에 적용할 수 있는 방안들을 이끌어낼 수 있을까' 하는 부분이었다. 협상에 대한 지식은 물론이고 협상가들의 심리에 대한 부분도 포함하려 노력했고, 실제 협상 사례를 가능한 한 많이 다루어 독자들이 쉽게 이해할 수 있도록 했다.

이 책은 크게 세 Part로 구성되어 있다. Part 1에서는 '협상이란 무엇인가'라는 질문 아래 협상에 대한 일반적인 오해와 진실, 협상에 임하는 바른 자세, 그리고 바람직한 협상의 모습과 그렇지 않은 협상의 모습 등에 대해 살펴보았다. Part 2에서는 협상가들이 지키면 좋을 다섯 가지 골든룰(golden rule)을 정리하였다. '골든룰'이라고 표현한 것은 개인적인 거래는 물론 비즈니스 거래, 나아가 외교 협상이나 통상 협상에서도 이 다섯 가지 룰은 공통적으로 사용할 수 있기 때문이다. Part 3에서는 실전 협상에서 적용해볼 수 있는 내용들을 담았다. 상대의 심리를 이용해 활용할 수 있는 협상 전술들을 소개하고, 이러한 전술들이 실제 협상에서 어떻게 쓰였는지 살펴보았다. 아울러 협상의 시작과 진행, 마무리 단계를 돌아보며 노련한 협상가로 거듭나기 위해 습득해야 할 사항들을 정리했다.

이 책은 이론서가 아니다. 주변에서 일어나는 많은 경험들을 한데 묶고 강의에서 사용했던 사례들을 좀 더 깊이 있게 다루었다. 협상에 대한 지식과 이론은 되도록 그 과정에 자연스레 담길 수 있도록 했다. 앞선 경험들에서 나오는 지혜는 우리로 하여금 합리적이고 효과적인 결과를 만드는 법을 숙지하도록 도와 성공적인 협상을 이끌어낼 수 있도록 해준다. 협상을 배웠든 배우지 않았든, 현재 비즈니스 협상에 참여하고 있든 그렇지 않든 책에 담긴 내용을 이해하고 활용하는 데 아무런 관계가 없다. 아무쪼록 이 책을 읽은 여러분들이 앞으로 마주하게 될 다양한 협상 상황에서 상대와 효과적으로 의사소통하여 보다 나은 결과, 최고의 결과를 이끌어냈으면 하는 바람이다.

끝으로 이 책을 만드는 데 도움을 준 분들께 감사의 마음을 전하고 싶다. 먼저 책을 써야겠다는 동기를 부여해주신 IGM 세계경영연구원 교수님들과 여러 직원들께 감사드린다. 감히 책을 쓴다는 결심은 하지 못했는데, 강의 내용을 정리하는 의미도 있지 않겠느냐고 북돋워주셔서 용기를 낼 수 있었다. 또한 강의를 하면서 접했던 수강생들에게도 많은 도움을 받았다. 그들이 직접 현업에서 겪은 사례는 나의 부족함을 메꾸어주었다. 그리고 기업을 경영하는 대학 동창들도 자신들의 다양한 경험을 나누고 응원해주었다. 연해주에서 영농사업을 하는 조성환 사장과 ㈜페이퍼코리아 권육상 대표가 들려준 여러 비즈니스 사례는 큰 도움이 되었다. 전 고려대학교 경제학과 김기화 교수는 글쓰기가 맘처럼 풀리지 않아 고민하고 있을 때 "잠시 쓰는 것을 중단했다가 쓰고 싶을 때 다시 시작해도 된다"는 얘기로 나의 조급함을 다독여주었다. 한나래출판사의 한기철 사장과 직원들은 책쓰기 초보인 나에게 좋은 길잡이 역할을 해주었다. 마지막으로, 옆에만 있어 주어도 언제나 든든한 존재인 가족들 – 사랑하는 아내와 두 딸 동은이 시은이 – 에게도 고맙다는 말을 전하고 싶다.

2018년 어느 봄날

이태석

contents

Chapter 3 창의적 대안으로 파이를 키워라_Rule 2

Chapter 4 논리와 근거로 상대의 인식을 바꿔라_Rule 3

Chapter 5 협상력을 좌우하는 무기, 배트나를 활용하라_Rule 4

Chapter 6 제대로 준비하라_Rule 5

Part 3 협상테이블을 장악하라

Chapter 7 때로는 논리보다 감정이 먼저다

Chapter 8 협상의 프레임과 전술

Chapter 9 협상의 시작과 진행, 그리고 마무리

Part 1에서는 협상에 대한 일반적인 오해와 진실, 그리고 협상에 임하는 자세, 바람직한 협상의 모습 등에 대해 살펴본다. 이로써 '협상이란 무엇인가'라는 질문에 답해보는 것이다. 일정한 인풋(input)이 있으면 반드시 아웃풋(output)이 나오는 것이 과학이다. 협상도 마찬가지다. '원리'를 배우고 실전에서 그 원리를 적용하면서 갈고닦으면 그에 상응하는 결과를 얻을 수 있다.

Part 1

협상이란 무엇인가?

Chapter 1

협상 바로보기

▶ 원하든 원하지 않든 당신은 협상가다

협상이란 무엇일까? 이 질문에 대해 당신은 나름대로 답을 가지고 있을 것이다. 상대와 원하는 것을 주고받는 것이라는 정도는 대개 안다. 그런데 그 원하는 것의 범위가 어디까지일까?

미국 와튼스쿨의 리처드 셸(Richard Shell) 교수는《협상의 전략 (Bargaining for Advantage)》에서 이렇게 정의했다.

 "협상이란 자신이 상대로부터 무엇을 얻고자 하고 상대가 자신
 으로부터 무엇을 얻고자 할 때 발생하는 상호작용적인 의사소
 통 과정이다."

이러한 관점에서 보면 협상의 범위가 상당히 넓다는 것을 알 수 있다. 비즈니스 거래나 국가 간의 협상은 물론이고 TV채널을 두고 가족들과 얘기하는 것도 협상이다. 또 친구들과 점심 메뉴를 정하

는 것도 협상이라고 볼 수 있다. 보고 싶은 채널이나 메뉴가 서로 다를 때, 당신이 원하는 것을 얻기 위해서 의사소통하지 않는가. 그런 면에서 당신은 원하든 원하지 않든 협상가일 수밖에 없고, 우리네 일상생활은 협상의 연속이라고 볼 수 있다.

▶▶ 협상에 대한 오해와 진실

협상에 대해 많은 사람이 가지고 있는 오해가 있다.

첫 번째 오해는 협상에 대한 부정적인 인식에서 비롯된 선입견이다. 협상이라고 하면 마치 상대를 속이거나 협박하여 이익을 편취하는 것인 양 생각하는 것이다. 그래서 협상을 통해 이익을 남겼다고 하면 분명히 속임수를 썼거나 꼼수를 부린 것으로 여긴다. 심지어 필자의 동료 교수들조차 협상 강의를 하고 있다고 하면 고운 시선으로 보지 않기도 한다. 그런데 이러한 오해는 협상이라는 영역의 아주 작은 부분만을 보는 데서 비롯되는 것이다. 협상은 상대를 압박하여 내 이익만을 추구하는 것이 아니다. 상대와의 커뮤니케이션, 즉 의사소통을 통해 더 많은 가치를 키우고 나누는 과정이다. 제로섬 게임*이 아니라 포지티브섬** 게임을 지향하는 것이다.

★ 제로섬 게임(zero-sum game)은 한쪽의 이득과 다른 쪽의 손실을 더하면 제로(0)가 되는 게임을 일컫는다. 내가 얻는 만큼 상대가 잃고 상대가 얻는 만큼 내가 잃는 승자독식의 결과를 낳으므로 대립과 경쟁을 불러일으킨다.

★★ 포지티브섬 게임(positive-sum game)은 나와 상대가 각자의 이득을 개별적으로 추구하는 합리적 플레이어로서 상호협력을 바탕으로 서로에게 이득이 되는 결과를 이끌어내는 것을 일컫는다.

두 번째 오해는 협상이 조건을 놓고 밀고 당기는 것이라는 생각이다. 가격 조건, 서비스 조건, 기타 조건 등을 놓고 상대와 치열하게 이권 다툼을 하는 것이라고만 생각한다. 그러나 앞에서도 말했지만, 협상은 사람과 사람이 만나서 의사소통하는 과정이며 그 속에서 서로 원원할 수 있는 결과를 이끌어내고자 하는 것이다. 상대가 가족이든, 비즈니스 파트너든, 외교관이든, 결국 사람과 하는 것이 협상이다. 그런데 우리는 그 사실을 잊고 자꾸 조건만 놓고 협상하려 든다. 협상의 조건이라는 것도 사람이 내놓은 것이고, 핵심은 사람이다. 사람이 가지고 있는 가치와 협상하는 것이 진짜다. 상대와 당신이 가진 물질적 가치뿐만 아니라 정신적 가치, 그리고 사회적 가치, 환경적 가치 등 수많은 가치가 있다. 그 사실을 묵과해서는 안된다.

▶ 협상에 임하는 바른 자세

많은 사람들이 협상 상대를 이겨야만 하는 경쟁자로 생각한다. 마치 씨름이나 격투기처럼 승자와 패자가 갈리는 승부로 협상을 생각하며, 상대를 설득하고 이겨야만 자신이 원하는 것을 가져올 수 있다고 여긴다. 아주 틀린 말은 아니지만, 이것은 하나만 알고 둘은 모르는 얘기다. 당신이 상대를 무조건 설득하고 제압하려고 들 경우 상대는 가만히 당하고만 있을까? 그렇지 않다. 상대도 나름대로의 논리가 있고 전략이 있다. 당신이 이기려고 들면 지지 않으려 할 것이

협상은 어느 한쪽이 이익을 취하는 것이 아니라 서로 의사소통함으로써
더 많은 가치를 키우고 나누는 과정이다.

고 심지어 같이 덤비려 들 것이다. 상대도 개인적인 욕심과 자존심이 있다. 조직을 대리하여 나온 자리라면 조직의 이익을 대변해야 한다는 사명감도 있다. 따라서 상대를 이기려고만 하는 자세는 버려야 한다. 상대를 경쟁자, 적으로 간주해서는 협상을 그르칠 수 있다.

그렇다면 협상 상대를 어떻게 대해야 할까? 당신을 도와주는, 또는 당신이 원하는 것을 가질 수 있게 도움을 주는 협력자, 곧 파트너라고 생각해야 한다. 경쟁자, 대결자로만 바라보던 관점을 버리고 새로운 시선으로 접근해야 한다.

이는 물론 쉽지 않은 얘기이다. 협상테이블 건너편에서 잔뜩 굳은 얼굴을 하고 있는 상대를 어떻게 파트너라고 생각할 수 있단 말인가. 그러나 진정으로 협상을 성공시키려면 이러한 태도로 임해야 한다. 비즈니스 세계에는 영원한 적도 없고 경쟁자도 없는 법이다. 오늘의 적이 내일의 친구가 될 수 있고 그 반대의 경우도 생길 수 있다. 만약 협상 상대를 파트너로 생각하기 어렵다면 이렇게 생각해보라. 적도 친구도 아닌 그저 당신과 똑같이 나름대로의 이해관계와 제약조건을 가진 사람이라고. 그렇게 생각하면 상대가 왜 그렇게 말하고 행동하는지 이해할 수 있을 것이다.

진정한 협상가는 싸우지 않는다. 상대가 왜 그런 생각을 하는지, 왜 그런 태도를 보이는지, 정말로 원하는 것이 무엇인지 알아보려는 자세로 협상에 임한다. 서로가 만족할 수 있는 여러 대안을 찾아보고 만들어내기 위해 노력하는 사람이 진짜 협상가다.

▶▶ 협상가가 지녀야 할 몇 가지 자세

협상에서 중요한 사람은 상대일까, 당신일까? 일반적으로 '내가 제일 중요하지'라고 생각하지만 실제로 협상에서 당신이 가장 중요하게 여겨야 할 사람은 바로 상대다. 그리고 그다음으로 중요하게 여겨야 할 사람은 상대에게 영향력을 끼치는 이다. 그 사람은 상대의 직장 상사가 될 수도 있고 동료, 친구, 심지어 가족이 될 수도 있다. 당신은 협상에서 가장 덜 중요한 사람이다. 왜냐고? 당신이 상대로부터 무언가를 얻으려고 할 때 상대가 도와주지 않는다면 모든 게 허사이기 때문이다.

협상은 상호작용적인 의사소통 과정이다. '나의 이익, 내 가족의 이익, 내 조직의 이익'이라는 관점에만 꽂혀 있으면 협상이 잘 풀릴 수 없다. 협상에서 당신이 보여주는 태도에 따라 상대방의 행동이 달라지고 협상 결과 역시 달라진다. 서로가 만족하는 결과를 이끌어내는 상생의 협상, 윈윈협상을 이루기 위해 협상가가 지녀야 할 몇 가지 자세를 살펴보자.

겸손한 자세로 상대를 존중하기

협상가가 가장 먼저 취해야 할 바람직한 태도는 겸손함이다. 노련한 협상가는 자신의 얘기를 하기보다는 상대의 얘기를 들으려고 한다. 상대가 자신이 존중받고 있다는 느낌을 받을 수 있도록 겸손한 자세로 상대의 이야기에 귀 기울이고, 그 안에서 상대를 인정할 만한 내용을 찾아내 조언을 구한다.

1998년 체결된 페루-에콰도르 간 평화 협상을 통해 협상가의 이러한 자세가 얼마나 중요한지 엿볼 수 있다. 1998년은 한국을 비롯하여 수많은 아시아, 남미 국가들이 경제적 위기나 외환위기를 겪었던 시기다. 에콰도르도 마찬가지였다. 게다가 1830년 에콰도르가 독립하면서 시작되어 서구 역사상 가장 오래 지속된 무력분쟁 중 하나인 페루와의 국경 분쟁은 더욱 악화되고 있었다. 분쟁의 원인은 '투윈사'라는 작은 땅덩어리 때문이었는데, 그동안 미국의 지미 카터 대통령을 비롯해 여러 국가의 인사들이 나섰지만 해결되지 못한 채 남아 있었다.

이 문제를 푼 사람은 에콰도르의 새 대통령 하밀 마후아드이었다. 그는 당선되자 마자 페루와 에콰도르 사이에 평화를 조성하기 위해 페루의 후지모리 대통령을 만났고 그 자리에서 이렇게 말했다.

"오래된 국경분쟁을 해결하는 것은 저의 첫 번째 숙제입니다. 그런데 사실 저는 대통령에 취임한 지 일주일밖에 되지 않았습니다. 어떻게 이 문제를 해결해야 할지 잘 모르겠습니다. 대통령이라는 직책은 정말 무거운 자리 같습니다. 근데 후지모리 대통령께서는 8년 동안 재임하셨잖습니까? 저의 선임 대통령과도 일해오셨구요. 현실적으로 저에게 어떤 조언을 해주시겠습니까?"

본인이 미숙하다는 점을 드러내고 경험 많은 상대에게 존중을 표하며 조언을 구하는 겸손한 자세를 보인 것이다. 물론 그럼에도 불구하고 페루 대통령은 자국의 이익을 위해 준비된 요구조건을 내세웠다. 이때 만약 하밀 대통령이 맞대응했다면 아마도 협상은 예전과 동일하게 결렬되었을 것이다. 그러나 그는 다음과 같은 얘기를 덧붙임으로써 서로가 윈윈하는 상생의 협상을 이끌어냈다.

"아시겠지만 제가 이대로 돌아가 에콰도르 국회에서 '페루의 요구를 모두 수용합시다'라고 한다면 법안은 절대로 통과되지 않을 것입니다. 후지모리 대통령께서 오래 고민하셨을 테니 보다 현실적인 조언을 부탁드립니다."

이후 협상의 분위기는 완전히 바뀌게 되었다. 상대의 입장을 고려하지 않은 일방적인 요구로는 타결점을 찾을 수 없다는 점을 직감한 페루의 후지모리 대통령이 공통의 문제를 해결하자는 방향으로 선회한 것이다. 협상이 끝나고 언론 기자들이 모인 자리에 양국 대통령이 모습을 나타냈다. 악수를 하자는 후지모리 대통령에게 하밀 대통령이 이색적인 제의를 했다.

"악수하는 모습이 아니라 책상 앞에 나란히 앉은 모습을 담은 사진이 있었으면 합니다. 손에 메모지 노트와 펜을 든 모습으로 말이죠."

에콰도르의 하밀 마후아드 대통령(왼쪽)과 페루의 후지모리 대통령(오른쪽)이 협상의 실제적 모습을 담고자 연출한 이 사진은 오랜 분쟁으로 얼어붙어 있던 양국 국민들의 마음을 움직였다.

왜 하밀 대통령은 이런 모습을 원했을까? 오랜 기간 국경분쟁을 한 터라 두 나라 국민들 사이에는 불신이 쌓여 있었다. 협상의 이해관계자인 두 나라의 국회, 국민들의 동의가 따라주지 않으면 평화 협상의 체결과 이행은 제대로 이루어질 수 없었다. 두 정상이 악수하는 형식적인 모습의 사진보다는 같은 문제를 함께 해결하는 동료(파트너)라는 인식을 국민들에게 심어줄 수 있는 사진이 필요했던 것이다. 결과는 어떠했을까? 이후 언론에 보도된 사진과 기사를 보고 두 나라의 많은 국민들이 '아, 이제는 우리가 서로 경쟁하는 적이 아니구나'라는 인식을 하고 협상을 지지하게 되었다. 이후 77일간 10회의 실무회담을 거쳐 법적 협약이 체결되었고, 1998년 양국 지도자는 노벨 평화상 후보에까지 올랐다.

사람은 누구나 인정받고 싶은 욕구를 지니고 있다. 따라서 자신을 낮추는 겸손한 자세로 상대의 이러한 욕구를 헤아려줄 때, 상대는 경계심을 풀고 열린 자세를 보이게 된다. 협상 초기에 겸손한 태도로 상대를 인정하는 것은 상대의 마음을 여는 열쇠다. 납품 조건을 두고 구매책임자와 협상할 때도 다음과 같이 상대에게 조언을 구한다는 겸손한 태도로 다가가보자.

"팀장님은 이 품목을 오랫동안 구매하셨잖아요. 여러 납품회사와 좋은 협력관계도 유지하고 있는 것으로 압니다. 저는 이 조건이 적절한지 아닌지 자세하게 알지 못합니다. 어떻게 하면 서로에게 이익이 되는 조건이 될 수 있을까요? 조언을 부탁드립니다."

이슈와 사람 분리하기

협상에서 상대는 대개 당신과 다르게 생각하고 다른 주장을 펼친다. 이 점 때문에 당신이 스트레스를 받고 화가 나는 것은 당연한 일이다. 문제는 많은 이들이 이러한 경우에 해당 이슈가 아니라 의견을 제시한 사람에게 화를 냄으로써 갈등이 심화된다는 것이다.

협상에서 이슈가 충돌했을 때는 해당 사안에 대해 얼마든지 강하게 이의를 제기해도 좋다. 가격인하 제안에 대해 강하게 불가 의사를 밝혀도 된다. 그러나 이슈와 사람을 분리하지 않고, 상대의 자존심을 건드리거나 존재를 부정하는 발언을 해서는 안 된다. 예를 들어, 상대가 지난 합의 중 일부를 수정하자고 요구했을 때 다음과 같이 반응한다면 어떨까.

"아니, 어떻게 그럴 수가 있습니까? 이제 와서 그러면 곤란하죠. 이래서야 어디 협상하겠습니까? 더 이상 상종 못할 사람이군요."

이렇게 얘기한다면 분명 협상 이슈를 떠나 서로가 감정적으로 대립될 것이다. 반대로 다음과 같이 상대를 존중하는 발언을 먼저 건넨 후 협상 이슈로 돌아간다면, 상대도 다시 이슈를 되짚어보고 조정방안을 검토해볼 것이다.

"이번 협상에서 팀장님은 내내 합리적이고 일관된 모습을 보여 주셨습니다. 그런 분이 이런 말씀을 하실 때는 뭔가 말 못할 사정이 있으리라는 짐작은 갑니다. 하지만 그래도 조건 변경은 불가능합니다. 그것은 상도의에도 어긋나고 양 사의 장기적인 관계에도 악영향을 미칠 것입니다. 조건 변경이 아닌 다른 방법을 모색해보기로 하시죠."

진지한 자세로 협상에 임하기

진지함 또한 협상가가 지녀야 할 중요한 태도 중 하나이다. 간혹 마치 내 일이 아닌 양 건성으로 협상에 임하는 사람들이 있다. 상사가 가격을 깎으라고 하니까, 내키지 않지만 어쩔 수 없이 가격 협상을 한다는 식이다. 예를 들어, 사무용품을 대량으로 발주하기 위해 납품업체에 가격 제안을 하는 경우를 살펴보자.

"위에서 5% 원가절감 지시가 내려왔어요. 어쩔 수 없네요. 5% 정도 깎아줄 수는 없을까요? 어떻게 좀 부탁드리고 싶은데요."

이것은 협상이 아니라 그야말로 부탁이다. 이렇게 부탁을 하게 되면 상대는 어떻게 나올까? 상대의 반응은 두 가지로 예상해볼 수 있다. 하나는 구매담당자인 당신의 부탁을 들어주는 것인데, 그러면 다음 번에는 자신의 부탁 또한 들어달라고 요구할 가능성이 높다. 부탁의 경중에 따라 달라질 수 있지만, 다음에 만약 당신이 거절한다면 아마도 더 이상 상대에게 부탁을 건네기 어려울 것이다. 물론 구매담당자인 당신이 바게닝 파워(bargaining power)를 휘두를 수도 있겠으나 양측의 관계는 훼손될 우려가 크다.

또 다른 반응은 상대가 당신의 부탁을 들어주지 않거나 조금만 깎아주는 것이다. 왜냐하면 당신이 요구하는 얘기 속에 담겨 있는 뉘앙스(메타 메시지)로 상대는 당신의 조직 내 상황을 유추하기 때문이다. 5% 정도라는 표현에는 굳이 5%가 되지 않아도 된다는 의미가 내포되어 있고, 위에서 내려온 5% 원가절감 지시는 평균 금액이지 일괄적인 수치는 아니라는 점을 노련한 영업담당자는 바로 눈치챌 것이다. 따라서 영업담당자는 깎아줄 수 없다고 버틸 가능성이 크다.

협상에서 당신의 진지한 태도는 협상 결과에 매우 긍정적인 영향을 미친다. 당신의 말 한 마디, 행동, 눈빛, 제스처 모두가 진지하고 진술해야 한다. 당신의 태도에서 상대는 자신이 어떻게 처신해야 할지를 결정하기 때문이다. 상대에게 제안을 할 때는 되도록 기준을 명확히 제시하고 가볍게 듣지 않게끔 전달해야 한다.

▶ 가장 나쁜 협상 vs 가장 좋은 협상

무더운 어느 날, 한 학교의 수업시간에 시원한 아이스크림을 놓고 어떻게 나눌 것인지 협상이 벌어졌다. 한 한기 동안 봉사활동, 체육대회, 환경미화 등 여러 면에서 가장 우수한 활동을 한 학급에 뽑혀 포상으로 아이스크림이 나왔는데, 문제는 4명당 3개씩만 배정된 것이었다. 서로 눈치만 보다가 한 학생이 먼저 말을 꺼냈다.

"야, 이번에 내가 환경미화 다 했잖아."

그랬더니 다른 학생들도 한마디씩 했다.

"니들 봉사활동 한 적 있어?"

"야, 체육대회는 누구 때문에 이겼는데?"

서로 자기주장만 하기 바빴다. 마침내 한 명이 "난 양보 못 해" 하고 나서니 다른 학생들도 "나도 양보 못 해" 하고 말했다. 이렇게 티격태격하는 사이 아이스크림은 점점 녹기 시작해 어느새 흐물흐물해졌다. 결국 학생들은 조금 더 얻기 위해 다 잃고 마는 상황에 처했다.

극단적인 상황 같지만 사실 이런 비슷한 상황이 우리 주변에서도 흔히 발생한다. 한마디로 소탐대실의 경우로 가장 좋지 않은 협상의 사례다. 협상테이블에 있는 파이조차도 제대로 나눠 먹지 못하고 일어서고 마는 경우이다. 서로 감정이 상해서, 때로는 자존심 때문에 "에이, 안 하면 안 했지 당신이랑 협상 못 해" 하면서 협상테이블을 박차고 나온 적은 없는가. 분명 서로 뭔가를 나눌 수 있는 가치는 무시된 채 말이다. 돌아서 냉정히 생각해보면 '그때 왜 그랬을까' 하는 아쉬움이 남는 대목이다.

그렇다면 가장 좋은 협상의 경우는 어떠해야 할까? 협상테이블에 놓여진 파이를 키우는 것이 가장 이상적이다. 얼핏 생각하면 '있는 파이를 어떻게 키우라는 것인가?'라고 생각할 수도 있다. 그것은 물리적인 파이를 키우라는 것이 아니다. 보이지 않는 가치를 키우라는 말이다. 그 가치는 금전적인 것일 수도 있지만 돈으로 환산할 수 없는 비금전적인 가치가 될 수도 있다. 다음 사례를 보자.

세계적인 키위 생산업체 키위프리는 한국 시장 진출을 노리고 있었다. 연간 몇십만 톤의 물량을 수출하기 위해서는 먼저 한국키위 영농조합과 협상을 원만하게 타결해야 했다. 영농조합은 키위 수입이 급증할 경우 농가의 생존권을 위협한다며 연일 시위를 하며 맞섰다. 협상테이블에서 만난 양측은 수출물량을 놓고 본격적으로 논의에 들어갔다. 처음에는 물량에 대해 협상했지만 차츰 서로가 서로를 필요로 한다는 것을 깨닫게 되었다.

영농조합: 한국에 키위 수입이 시작되면 저희 농가들은 다 죽습니다. 수입은 불가합니다.

키위프리: 저희는 선진 재배기술과 우수한 종자를 보유하고 있습니다. 또한 품질이 우수하기 때문에 전 세계 시장으로 수출하고 있으며 키위 유통망도 확보하고 있습니다. 만약 영농조합에서 저희가 요구하는 수입물량을 허용해주신다면, 저희가 영농조합 조합원들에게 도움을 드리고자 합니다.

영농조합: 어떤 도움을 주실 수 있다는 겁니까?

키위프리: 저희가 조합원들에게 키위 재배기술과 종자를 저렴하게 나눠드리겠습니다.

영농조합: 그렇게 하더라도 소비자들은 원산지 키위를 먹으려고 할 테니 저희 영농조합에 별로 도움이 되지 않습니다.

키위프리: 그러면 조합원이 생산한 키위를 저희가 전량 수매하여 전 세계 유통망으로 수출하면 어떻습니까?

영농조합: 수매를 해주신다구요? 전량이요?

키위프리: 네, 그렇습니다. 저희는 전 세계에 유통망을 가지고 있어서 한국 생산물량 정도는 얼마든지 소화할 수 있습니다. 단, 품질은 저희 수준에 맞추어주셔야 하니 저희 종자와 재배기술을 보급해드리려고 하는 것입니다.

영농조합: 그러면 좋긴 한데, 키위프리는 왜 굳이 한국에 수출하려고 하십니까?

키위프리: 한국은 저희 뉴질랜드와 기후가 반대입니다. 한국에서 키위가 출하되는 10월, 11월은 뉴질랜드의 봄철이라 키위가 생산되지 않습니다. 그래서 그때는 저희가 한국에서 생산되는 키위를 수매하여 전 세계에 유통시키고요, 반대로 4~5월에는 뉴질랜드에서 본격적으로 출하가 시작되니까 그때 한국으로 수출을 하려는 것이죠. 어떻습니까?

영농조합: 아, 네. 그렇다면 저희도 좋습니다.

이 사례에서 수출물량만 놓고 협상을 진행했다면 제로섬 게임으로 끝났을 것이다. 그러나 파이를 나누기 전에 파이를 키움으로써 포지티브섬 게임으로 바뀔 수 있었다. 이처럼 여러 어젠다를 협상테이블에 올려놓고 협상을 진행하다 보면 서로가 나눌 수 있는 파이가 커질 수 있다.

▶ 협상 기술은 타고나는가, 길러지는가?

우리 주변에는 협상을 잘하는 사람이 많다. 상대 앞에서 긴장하지 않고 자신의 의견을 자신 있게 말하며 상대를 요리조리 잘 구슬리는가 하면 설득력도 남다른 사람이 있다. 기세등등하던 상대도 그와 마주 앉아 얘기하면 채 한 시간이 지나지 않아 태도를 바꾸는 경우를 자주 본다. 이런 사람의 능력은 천성적으로 타고난 게 아닌가 하는 생각까지 든다.

여러분은 어떻게 생각하는가? 협상을 잘하는 사람의 능력은 타고나는 것일까, 아니면 길러지는 것일까? 물론 협상을 잘할 수 있는 재능, 성격적 기질을 지닌 사람도 분명 있다. 또는 살아가면서 자신도 모르는 사이에 협상의 원리를 스스로 깨우친 사람들도 있다. 그러나 재능이 부족하더라도 협상을 제대로 배우고 익히면 분명 더잘할 수 있다. 이는 많은 학자와 협상가들에 의해 이미 입증되었고지금도 입증되고 있다.

1970년대까지만 하더라도 많은 사람들이 협상은 예술에 가깝다고 생각했다. 동일한 상황에서 협상을 진행하더라도 그 결과는 천차만별이기 때문에 마치 그림이나 음악처럼 그 결과를 예단할 수 없는 예술의 경지라고 봤다. 그런데 하버드대학교의 로져 피셔(Roger Fisher)와 윌리엄 유리(William Ury) 교수는 수많은 협상 상황을 분석해보고 직접 실험을 해본 결과 놀라운 사실을 발견하였다. 똑같은 상황에서도 어떤 사람은 다른 실험자보다 매번 좋은 결과를 도출해내는 것이었다. 세심한 관찰과 실험을 거듭한 끝에 그들은 협상에는 어떤 원리가 있으며, 협상을 잘 모르는 사람에게 그 원리를 적용함으로써 훨씬 더 나은 결과를 이끌어낼 수 있다는 결론을 얻었다.

하버드대학교에서는 1970년대부터 협상스쿨을 운영하면서 이러한 협상의 원리를 정립·발전시키고 있다. 실제로 이곳의 교육 과정을 수료한 많은 수강생들이 비즈니스에 협상의 원리를 접목하여 놀라운 성과를 거둔 사례가 계속해서 전해지고 있다. 필자 또한 현업에서 20년간 구매협상과 영업협상, 그리고 M&A협상 실무를 진행했던 경험을 통해 그 원리를 깨닫게 되었다. 또한 IGM 세계경영연구원에서 10년간 협상 강의를 하면서 수강생들로부터 교육을 받기 전과 받은 후의 결과가 다르다는 사실을 수없이 들었다.

▶▶ 원리를 알면 협상이 보인다

원리를 알고 협상을 하는 것과 모르고 하는 것의 차이는 크다. 직장 선배들이 하는 협상을 어깨너머로 보면서 익힌 협상 기술은 상황이

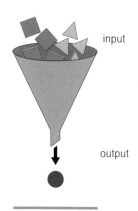

input

output

타고난 협상가가 아니라고 좌절할 필요는 없다.
협상에 임할 때 원리를 잘 익혀서 적용하면 좋은 결과를 얻을 수 있다.

조금만 달라져도 별 소용이 없다. 약간의 도움은 될 수 있을지 모르나, 때로는 그 기술이 오히려 독이 될 수 있다. 제대로 된 정석 플레이를 하지 않고 잘못 익힌 습관 때문에 실전 협상을 망치는 것이다. 따라서 제대로 된 협상의 원리를 익혀야 한다. 그래야 평소 익숙한 상황을 벗어나 다른 처지에 놓이더라도 슬기롭게 극복할 수 있다.

과학과 예술의 차이는 원리와 법칙이 있느냐 없느냐의 차이라고 할 수 있다. 일정한 인풋(input)이 있으면 반드시 아웃풋(output)이 나오는 것이 과학이다. 협상도 마찬가지다. 원리를 배우고, 실전에서 그 원리를 적용하면서 익히게 되면 결과 또한 잘 나오기 마련이다. 그런 측면에서 협상은 일종의 과학이라고 볼 수 있다. 과학적 원리처럼 협상의 원리를 적용하면 그만큼 실수를 줄일 수 있다.

물론 협상은 상호작용적이다. 당신의 제안에 따라 상대의 반응이 달라지기 마련이고 예기치 않은 돌발변수도 작용한다. 그런 만큼 협상가의 임기응변이나 상황판단력도 무척 중요하다. 이런 점에서 보면 협상에는 예술적인 요소도 담겨 있다고 볼 수 있다. (이 책의 후반부에서 살펴보겠지만 심리적 요소도 협상에 큰 영향을 미친다. 상대의 반응에 따라 즉흥적으로 대처해야 하는 경우도 분명 있다.) 하지만 그럼에도 불구하고 잊지 말아야 할 점이 있다. 그것은 바로 기본을 익히지 않은 채 연주하는 애드리브는 그저 소음에 그칠 수 있다는 것이다.

협상은 테크닉이 아니다

협상을 테크닉으로 여기는 사람들이 있다. 즉 상대에게 일종의 트릭(trick)을 사용하여 원하는 것을 교묘하게 얻어내는 작은 기술에 불과하다고 생각하는 것이다. 이런 사람들은 협상을 할 때 본능적인 육감이나 직감에 의존하는 경향이 크다. 상대를 눈치 빠르게 파악하여 그때그때 '감'으로 대응하려고 한다.

하지만 본능적인 육감이란 사람마다 모두 다르다. 또 상황에 따라서 금방 무너질 수 있을 정도로 연약하다. 그렇기 때문에 '감'에 의한 협상법은 일관성이나 지속성을 담보할 수 없으며 전략이라고 할 수 없다. 즉흥적으로 대처하는 것 역시 전략이라고 할 수 없다.

이 책에서는 즉흥적이거나 본능적인 접근법이 아니라 보다 체계적이고 효과적인 협상의 원리를 제시하고자 한다. 이러한 원리를 실전 협상에 적용하면 분명히 그 효과가 다르게 나타날 수 있다.

☑ 협상이란 자신이 상대로부터 무엇을 얻고자 하고 상대가 자신으로부터 무엇을 얻고자 할 때 발생하는 상호작용적인 의사소통 과정이다. 어느 한쪽이 이익을 편취하는 것이 아니라 서로 의사소통함으로써 더 많은 가치를 키우고 나누는 과정이다. 제로섬 게임이 아니라 포지티브섬 게임을 지향하는 것이다.

☑ 협상은 결국 사람과 하는 것이다. 눈에 보이는 조건에만 얽매이면 서로가 상생하는 협상을 이루기 어렵다. 협상의 조건이라는 것도 결국 사람이 내놓은 것이고, 핵심은 사람이다. 사람이 가지고 있는 가치와 협상하는 것이 진짜다.

☑ 진정한 협상가는 싸우지 않는다. 상대가 왜 그런 생각을 하는지, 왜 그런 태도를 보이는지, 진정으로 원하는 것이 무엇인지 알아보려는 자세로 협상에 임한다.

☑ 가장 좋은 협상은 협상테이블에 놓여진 파이를 키우는 것이다. 물리적인 파이가 아니라, 보이지 않는 '가치'를 키우는 것이다.

☑ 협상에서 당신이 가장 중요하게 여겨야 할 사람은 바로 상대다. 다음으로 중요한 사람은 상대에게 영향력을 끼치는 사람이다. 그리고 가장 덜 중요한 사람은 바로 당신이다. 상대가 당신의 제안에 귀를 막고 의사소통하지 않는다면 당신은 협상에서 아무것도 가져갈 수 없다.

☑ 과학은 일정한 인풋이 있으면 반드시 아웃풋이 나오는 것이다. 협상도 마찬가지다. 원리를 배우고 실전에서 그 원리를 적용하며 갈고닦으면, 그에 상응하는 결과를 얻을 수 있다.

Part 2에서는 협상가들이 지키면 좋을
다섯 가지 골든룰(golden rule)을 정리
했다. 굳이 '골든룰'이라고 표현한 것은
개인적인 거래는 물론이고 비즈니스 거
래, 나아가 외교협상이나 통상협상에도
이 다섯 가지 룰은 공통적으로 적용할
수 있기 때문이다.

Part 2

협상의 다섯 가지
골든룰을 지켜라

Chapter 2

요구가 아닌 욕구에 집중하라_Rule 1

▶ '요구'와 '욕구' 구별하기

협상테이블에 나오는 협상가들은 두 가지를 가지고 있다. 하나는 무언가에 대한 '요구'이다. 가격을 올려달라, 납기를 당겨달라, 서비스를 개선해달라는 등의 요구 말이다. 그리고 다른 하나는 그렇게 요구하는 마음속에 자리잡고 있는 '욕구'이다. 상대가 무엇을 요구하든 그 밑에는 상대의 속내, 말로 표현하지는 않지만 진정으로 충족되길 바라는 욕구가 자리하고 있다. 하버드 협상스쿨에서는 요구를 포지션(position), 욕구를 인터레스트(interest)라고 칭한다.

아주 쉬운 예를 하나 들어보자. 무더운 여름날, 당신이 운영하는 작은 편의점에 젊은 친구가 땀을 뻘뻘 흘리며 들어와 "아저씨, 콜라 있어요?"라고 다급하게 묻는다. 그런데 진열장을 살펴보니 콜라가 다 떨어졌다. 이때 당신은 어떻게 하겠는가? 당신이 만약 그의 요구에만 초점을 맞춘다면 "콜라 없습니다"라고 할 것이고 협상은 거기서 끝날 것이다.

그런데 이때 콜라를 찾는 젊은 친구의 진짜 '욕구'는 무엇일까? 더위에 지쳐 갈증을 당장 해소하고 싶은 것 아닐까? 그러니 당신이 그의 요구가 아니라 욕구에 초점을 맞춰 이렇게 대답하면 어떨까.

"콜라는 지금 없지만 시원한 사이다가 있습니다."
"죄송합니다. 콜라는 지금 떨어졌네요. 그 대신 새로 나온 이온 음료가 할인 이벤트 중인데 들어와서 한번 보세요."

아마도 그 고객은 편의점 안으로 들어와 당신이 말한 제품들을 살펴보고 구매할 것이다. 또 할인 이벤트라는 정보를 알려준 당신에게 좋은 인상을 가지게 되어 다음 구매로 이어질 가능성도 있다. 이처럼 상대의 욕구를 파악하고 그것을 채워주기 위해 행동할 때 그에 상응하는 상대의 행동을 불러일으킬 수 있는 법이다. 협상은 상호작용적인 의사소통 과정이라 하지 않았는가. 상대의 요구 속에 담겨 있는 욕구를 파악하고 그것을 채워줄 수 있는 대안을 제시할 때 협상은 이루어진다.

▶▶ 상대의 '요구'에 얽매이지 말고 '욕구'를 파악하라

협상을 성공으로 이끄는 첫째 원리는, 상대의 요구에 얽매이지 말고 상대의 욕구를 파악하는 것이다. 이는 쉬운 일 같지만 실천하기는 결코 쉽지 않다. 대부분의 사람들이 자신의 욕구를 쉽게 드러내지 않기 때문이다. 특히 여러 가지 상황과 많은 이해관계자들이 얽혀

상대가 겉으로 드러내는 '요구' 속에 감추어진 '욕구'를 파악할 수 있어야
여러 가지 안건이 복잡하게 얽혀 있는 협상의 실타래를 풀 수 있다.

있는 비즈니스 협상에서 겉으로 표출되지 않은 상대편의 욕구, 상대
회사가 진정으로 원하는 것을 찾아내기란 쉬운 일이 아니다.

협상장에 들어서면 누구나 자신이 원하는 요구조건을 제시하게
된다. 그런데 많은 사람들이 상대의 요구조건을 수용하기 어렵다며
반박논리를 펼치기에 바쁘다. 그때부터 이미 당신은 상대의 '요구'에
얽매이기 시작한 것이다. 자신도 모르게 그 요구조건과 싸우고 있
는 것이다. 그렇게 포지션 싸움만 하게 되면 좋은 협상 결과를 기대
하기 어렵다. 협상 시간은 점점 길어지고 협상 참가자들은 피곤해진
다.

뛰어난 협상가는 상대의 요구조건이 아니라 그 속에 숨겨진 욕
구를 파악할 수 있는 사람이다. 상대의 요구조건을 받아들이고 직
접 만족시키기 어려울 때는 그가 왜 그런 요구를 하는지, 진정으로
원하는 것이 무엇인지를 찾아야 한다. 상대의 근원적인 내면의 욕구
를 파악한 후 그것을 만족시킬 수 있는 방안들을 고민해야 협상의
실타래를 풀 수 있다.

흔히 비즈니스 협상에서 가장 중요한 것은 경제적인 이익이라고

말한다. 하지만 좀 더 깊이 들어가보면 경제적인 욕구 말고도 다른 욕구들이 많이 잠재되어 있다. 이러한 사실을 인지하고 상대를 둘러싼 여러 상황을 고려하면서 감추어진 욕구를 끄집어낼 수 있는 사람이 바로 협상의 고수이다.

▶ 나의 욕구, 상대의 욕구

'욕구' 파악은 두 부분으로 나뉜다. 첫 번째는 자신의 욕구를 파악하는 것이요, 두 번째는 상대방의 욕구를 파악하는 것이다. 당연한 얘기 아니냐고? 맞다. 그런데 스스로 자문해보라. 당신은 항상 자신의 이익이나 욕구, 피하고 싶은 리스크, 당신을 제약하고 있는 각종 조건(이하 제약조건) 등을 명확히 이해하고 있는지.

전 미국 통상교섭 대표였던 샬린 바셰프스키(Charlene Barshefsky)는 협상가들이 스스로의 이익을 잘 살피지 못하는 경우가 의외로 많다고 말한 바 있다. 실제로 협상테이블에서 본인(조직)의 이익을 명확하게 표현하는 데 어려움을 겪는 사람들이 많다. 거래를 통해 얻는 것이 무엇이고, 논쟁의 요지가 무엇이며, 상대방의 전략은 무엇인지를 생각하면서 그와 동시에 자신이 이 협상을 통해 얻고자 하는 것이 무엇인지를 명확히 알고 있어야 협상을 성공적으로 이끌 수 있다.

▶▶ 인도네시아 반군 협상

하버드대학교 윌리엄 유리 교수의 저서 《하버드는 어떻게 최고의 협상을 하는가(Getting to Yes with Yourself)》에 언급된 사례는 협상에서 자신의 욕구를 명확히 파악하는 것이 얼마나 중요한지를 깨닫게 해준다.

인도네시아 수마트라 정글에서 독립을 원하는 반군과 그들을 진압하는 정부군 간에 25년 동안 내란이 지속되었다. 장기간의 내전에 지친 양측은 협상테이블에 마주 앉았다. 이때 정부 측 협상가로 나선 윌리엄 유리 교수는 반군 측 수장에게 진정으로 원하는 것이 무엇인지 물었다.

"당신들은 독립을 원하는 것이 맞죠? 당신들의 관심 분야가 무엇인지를 좀 더 자세히 말해주세요. 왜 독립을 원하나요?"

반군 측 사람들은 가장 핵심적인 질문에 답하는 것을 의외로 힘겨워했다. 불편한 침묵이 한동안 흘렀다. 그들이 싸운 이유는 자치를 이루려는 정치적인 목적이었을까, 아니면 천연자원을 지배하려는 경제적인 목적이었을까, 그도 저도 아니면 신체적인 위협으로부터 자신들을 보호하려는 안전상의 이유였을까? 혹은 자신들의 언어로 다음 세대들을 교육하려는 문화적인 목적이었을까? 한 가지 이상의 목적이라면 우선순위는 어떻게 될까? 겉으로 드러난 그들의 요구사항이 독립인 것은 분명하지만 독립을 위해 투쟁하는 마음속 깊은 곳의 욕구는 그만큼 분명하지 않았던 것이다. 내전으로 수천 명의 목숨을 잃는 희생을 치뤘지만 정작 반군 수장은 자신들이 싸우는 이유를 체계적으로 설명하지 못했다.

윌리엄 유리 교수는 반군들의 요구사항과 관심사항을 철저하게 조사했다. 플립차트를 이용해 독립을 원하는 이유와 그에 대한 대답을 하나씩 적기 시작했다. 자치권, 경제적 자원의 통제권, 문화와 언어 보존 등등. 그리고 나서 '어떻게 하면 그들의 관심사항을 충족시켜줄 수 있는지'를 물었다. 만약 이대로 전쟁이 계속된다면 어떻게 될지를 물었을 때, 반군 수장은 자신들의 힘으로는 막강한 정부군을 결코 이길 수 없다는 점을 인정했다. 그리고 심사숙고 끝에 독립이 아니라 지방자치권을 인정받는 정치적 차선책을 선택했다. 국방과 외교 등 중앙 정부의 고유 권한을 제외하고, 지방 정부와 의회 대표의 선출권이나 지방자치예산 집행 등에 대한 권한을 이전받았다.

▶▶ 진정 내가 원하는 것은 무엇인가?

인도네시아 반군 협상 사례에서 엿볼 수 있듯이 우리는 협상을 통해 내가 얻고자 하는 것이 무엇인지 명확히 구별하지 못할 때가 많다. 그러므로 협상테이블에 나가기 전에 이번 협상에서 상대에게 내세울 요구사항은 무엇인지, 그것을 통해 자신이 충족시키려고 하는 욕구는 무엇인지 반드시 파악해두어야 한다. 서로의 요구사항을 어떤 방식으로 교환해야 가치를 극대화할 수 있는지 고민하고 협상에 임해야 최선의 결과를 도출할 수 있다.

자신의 욕구를 파악할 때는 다음과 같은 기준으로 우선순위를 선정함으로써 보다 명확히 파악할 수 있다.

- 첫째, 반드시 얻어야 할 것

- 둘째, 중요한 것

- 셋째, 있으면 좋지만 없어도 괜찮은 것

이때 '반드시 얻어야 할 것'은 곧 협상의 목표요, 협상을 통해 당신이 취해야 하는 핵심적인 이익이다. 이것을 명확히 인지하고 있어야 한다. 그래야 다른 중요한 이익과 교환해야 하는 경우가 생겼을 때 우선순위에 따라 적절히 교환할 수 있다.

예를 들면, 패션업체들이 백화점과 벌이는 납품협상에는 매장 면적을 얼마나 사용할지, 그리고 에스컬레이터에 가까운 장소인지 아닌지가 매우 중요하다. 그 외에도 비용 배분, 광고 게재, 세일 참여 여부 등이 포함된다. 하지만 좀 더 깊이 생각해보면, 사실 입점업체가 생각하는 가장 핵심적인 이익은 따로 있을 것이다. 바로 해당 백화점이 가능한 한 많은 고객을 유인하고 확보하여 궁극적으로 자사의 매출도 함께 늘어나는 것이 아닐까. 따라서 입점 조건을 따지기에 앞서 가장 원천적인 사항부터 챙겨야 한다. 백화점 자체의 집객능력이나 소비자들로부터 얻는 신용도, 신뢰성 등을 확인해야 한다.

▶▶ 상대방의 욕구는 무엇인가?

앞서 본 것처럼 자신의 이익도 모르고 협상에 임하는 사람이 의외로 많다. 그런데 이보다 더 어려운 일이 바로 상대방의 욕구를 파악하는 것이다. 당신의 이익을 파악하는 것은 그다지 어렵지 않다. 스스로 고민해보면 알 수 있기 때문이다. 궁극적으로 과연 내가 원하는 것이 무엇일까 생각해보면 알 수 있다. 하지만 상대의 욕구는 알아내기가 만만치 않다. 상대가 무엇을 생각하고 있는지 어떻게 알수 있단 말인가.

협상에서 최선의 결과를 이끌어내려면 반드시 상대방의 이익에 대해 관심을 가져야 한다. 상대방의 이익에는 두 가지가 있다. 하나는 회사, 즉 조직의 이익이고, 또 다른 하나는 개인적 이익이다. 조직을 대표하여 협상하는 당사자에게는 이 두 가지 이익이 항상 존재한다. 한 가지 더 놓치지 말아야 할 사실은 상대의 이익이 끊임없이 변화한다는 점이다. 시장 상황이나 협상 변수에 따라 협상 도중에도 수시로 변할 수 있다는 점을 항상 염두에 두고 파악해야 한다.

- 이번 협상을 통해 상대가 얻고자 하는 것은 무엇인가?
- 그것을 얻기 위해 상대는 어떤 전략으로 협상에 임하고 있는가?
- 협상을 주도하는 사람은 누구이며, 최종 의사결정권자는 누구인가?
- 협상테이블에는 없지만, 누가 결과에 촉각을 세우고 있는가?
- 저들이 어려워하는 부분이나 난제는 무엇인가?

이러한 사항을 알고 협상에 임하는 것과 모르고 임하는 것의 차이는 크다. 이런 점을 알아야 당신의 제안이 상대에게 어떤 의미를 갖는지 알 수 있다. 상대가 회사에 돌아가 자신의 상사에게 보고하면서 겪을 어려움을 이해할 수 있다. 상대의 문제는 상대가 알아서 해결할 것이라는 생각은 버려라. 상대의 문제는 그만의 문제로 끝나지 않는다. 내 문제로 연결되는 경우가 훨씬 많다. 상대의 고충을 당신이 어떤 방식으로든 덜어주어야 협상이 쉽게 풀릴 수 있다. 결국 당신이 원하는 것을 얻기 위해서는 상대를 도와주어야 한다는 말이다.

▶▶ 상대의 욕구를 지레짐작하지 마라

국내에서 동물용 사료를 생산하는 A사료는 옥수수, 콩 등 원재료 가격이 작년 대비 15% 올라 걱정이 태산이었다. 올해 초부터 판매 가격을 즉시 인상해야 했지만 사료 구매업체가 펄펄 뛰는 바람에 얘기를 꺼내지도 못했다. 그런데 원재료 가격이 계속 상승하는 것이 아닌가. 더 이상은 미룰 수가 없어 대기업 계열의 B농산을 찾아가 단가 인상을 요구했다.

> **A사료 영업팀장**: 아시는 것처럼 원재료 가격이 작년보다 15% 이상 올랐습니다. 이번에는 납품단가를 꼭 인상해주셨으면 합니다.
> **B농산 구매팀장**: 단가 인상은 말도 안 됩니다. 구제역 파동으로 저희 회사 피해가 엄청나다는 것을 잘 아시잖아요. 귀사뿐만 아니라 타사도 납품가는 동결입니다.
> **A사료 영업팀장**: 그렇긴 해도 저희도 원가 압박을 받는 것을 고려해주서야죠.
> **B농산 구매팀장**: 안 됩니다. 정 그러시다면 다른 업체를 찾아보세요.

협상을 마치고 나오는 A사료 영업팀장은 대기업 계열인 B농산이 자신들의 이윤만 생각하고 협력업체는 안중에도 없이 갑질을 하는 것 같아 화가 났다. 그런데 B농산은 정말 '이윤 추구'라는 이유만으로 납품단가 인상을 거절했을까? 협상에서 상대의 욕구를 선불리 지레짐작해서는 안 된다. 비즈니스 협상의 복잡한 생리를 고려해보면 그렇지 않을 가능성이 더 높다. B농산 구매부서 내부에서 정한 금년도 구매예산이 부족하거나, 단가인상 건으로 결재 상신하기가 힘든 내부적 상황이 있을 수도 있다. 또는 구매팀장 개인의 핵심성과지표(Key Performance Index, KPI)에 영향을 주기 때문일 수도 있다. 그 밖에도 다양한 욕구가 존재할 수 있다. 그러므로 A사료 영업팀장은 자사의 제안이 거절당했다고 투덜댈 것이 아니라 상대의 욕구를 파악하기 위해 노력해야 한다.

"아, 네. 구제역 파동으로 매출이 줄어 많이 어려우시죠. 매출 감소로 특히 구매팀이 힘든 점이 많으시겠네요. 구체적으로 어떤 점이 제일 힘드신가요?"
"구매예산이 전부 동결되었다고요? 그러면 예산 동결에 예외는 없는 건가요?"
"그러면 구매예산 중 가장 큰 부분이 무엇인가요? 원재료인 콩과 옥수수는 전체 예산에서 얼마나 차지하나요? 납품단가를 인상할 경우 구체적으로 어떤 점이 곤란하신가요?"

이처럼 상대가 겪고 있는 어려움을 이해하고 공감하려는 노력이 필요하다. 상대 입장에 서서 같이 고민하고 문제를 해결하려는 역지사지의 자세를 보여야 상대 또한 마음을 열고 당신과 의사소통하려 할 것이다. 납품하는 영업직원이 아니라 구매하는 사람의 입장에 서서 상대의 고충을 파고들면 왜 가격을 동결하려는지 이해할 수 있을 것이다. 이때 질문은 예의를 갖춰 조심스럽게, 그리고 점진적으로 던져야 한다. 그러다 보면 가격 동결이라는 B농산의 요구 속에 감추어진 욕구를 파악할 수 있을 것이다. 나아가 당신이 생각지 못했던 의외의 해결책, 즉 창의적인 대안을 도출해낼 수 있을 것이다.

▶▶ 상대방의 욕구를 알면 뭐가 좋을까?

자기중심적인 사고에서 벗어나 상대의 입장에서 생각하고 배려하는 태도는 협상뿐만 아니라 일반적인 비즈니스에서도 큰 도움을 준다. 좋은 사례를 하나 살펴보자.

미국의 대형 유통회사 크로거(Kroger)의 푸드코너에 입점한 롤, 초밥 전문점 '스노우폭스'의 김승호 대표는 고민에 빠졌다. 얼마 전 푸드코너 책임자로부터 개별 인터뷰를 진행한다고 연락을 받았기 때문이다. 해당 코너에는 모두 14개 레스토랑이 입점해 있는데, 최근 마트 경영혁신의 일환으로 매출이 부진한 점포에 대해 구조조정을 단행한다는 것이다. 경쟁사들도 난리가 났다. 이번 인터뷰에서 평가점수가 낮게 나올 경우 어떤 불이익을 당할지 알 수 없었기 때문이다. 수준 미달 점포는 퇴출될 것이라는 소문이 파다했다. 그 대신 평가에서 살아남은 점포에 대해서는 품질과 판매방식 개선을 위한 지원을 아끼지 않을 것이라고 했다. 경쟁사들은 서로 눈치를 살피면서 자료 준비에 바빴다.

드디어 인터뷰 당일, 14개 점포 대표들이 한자리에 모였다. 경쟁사들은 장황한 자료를 가져와 자신들의 강점이 무엇인지, 타 점포와의 차별점은 무엇인지, 그동안 얼마나 성장했는지를 발표했다. 대형 팸플릿, 실물 메뉴를 포함한 두꺼운 안내서 등 온갖 자료가 동원되었다. 하지만 김 대표가 준비한 것은 A4용지 달랑 4장이었다. 그는 지금까지 자신의 점포가 무엇을 잘했는지에 대해 설명하기보다 상대 회사인 크로거가 무엇을 원하는지에 초점을 맞췄다. 철저하게 그들의 관점에서 협상 이슈를 바라보았다. 크로거 매장의 단위면적당 평균 매출이 다른 유통업체보다 4% 이상 낮다는 것을 상장사 보고서를 통해 알아낸 후 그 문제의 해결에 초점을 맞춘 것이다.

당시 크로거 전체 매장의 제곱피트당 평균 매출은 742달러로 경쟁사들의 771달러보다 낮았다. 매출 총액은 경쟁사보다 많았지만 매장당 효율은 떨어졌다. 반면에 김 대표 점포의 매출은 제곱피트당 평균 매출이 2,080달러였다. 김 대표는 자신의 점포 크기가 비록 작지만 단위 면적당 매출이 가장 높다는 점에 주목하고 이 점을 적극 부각시켰다. 크로거의 인터뷰 책임자에게 그가 관리하는 미국의 전 매장에 김 대표의 점포가 입점할 경우 전국적으로 증가할 매출액을 산출해 보여주었다. 평균 제곱피트당 매출 역시 경쟁사를 쉽게 따돌릴 수 있다는 점을 강조했다. 인터뷰 책임자는 한 대 얻어맞은 기분이었다. 김 대표가 바로 자신들이 원하던 바, 즉 자신들의 욕구를 정확히 꿰뚫고 있었기 때문이다.

미국의 대형 유통업체 크로거에 입점한 스노우폭스는 고객의 욕구를 충족시키는 남다른 서비스를 통해 빠르게 성장했다.

인터뷰 결과는 어떠했을까? 크로거 측은 당초의 계획을 바꾸어 스노우폭스 매장을 대폭 늘려주고 다른 매장에도 입점시켜주었다. 이후 스노우폭스는 기존의 경쟁사들을 제치고 매출 1위 점포로 올라섰으며 불과 2년이 지나지 않아 푸드코너 매출의 60%를 담당하게 되었다. 그리고 2018년 현재, 스노우폭스는 세계 1위 도시락 회사로 성장해 전 세계에 1,400개가 넘는 매장을 운영 중이다.

스노우폭스의 김승호 대표는 자신의 성공스토리를 담은 저서 《생각의 비밀》에서 이렇게 말했다.

"우리는 우리가 원하는 것을 팔려 하지 않았다. 그들이 원하는 것을 팔려고 했기에 우리가 원하는 것을 팔게 된 것이다."

자신의 욕구가 아니라 상대의 욕구에 먼저 초점을 맞출 때, 비즈니스에서든 협상에서든 자신과 상대가 원원하는 상생의 결과를 이끌어낼 수 있다. 상대가 원하는 것을 줌으로써 결국 내가 원하는 것을 가지고 오는 것이 최고의 협상이 아닐까.

▶▶ '백만장자' 타이틀을 얻기 위해 손해 보는 계약을 체결한 레이건 대통령

미국의 제40대 대통령이었던 로널드 레이건(Ronald Reagan)은 원래 B급 영화배우였다. 정치판에 뛰어들어 어느 정도 성공을 거두었지만 큰돈을 벌지는 못했다. 레이건이 낸시 데이비스를 만나 결혼하고 나서 보니 아내를 포함해 주변 이웃들은 모두 백만장자였다. 자존심이 강했던 레이건은 당장 회계사와 상담했고 대출을 해서 부동산에 투자하라는 말을 들었다. 레이건은 즉시 캘리포니아의 말리부로 가서 바다가 내려다보이는 토지를 다량 구입했다. 몇 년 후, 그는 대출금을 다 갚고 그곳에 목장을 만들어 부동산 시장에 내놓았다. 매물 가격은 100만 달러였다.

목장을 사겠다는 제안이 두 가지 들어왔다. 하나는 현금으로 95만 달러를 지불하겠다는 것이었고, 다른 하나는 현금 90만 달러와 30년 만기 정부채권 10만 달러를 주어 100만 달러를 지불하겠다는 것이었다. 그런데 당시 이자율로 보면 정부채권 10만 달러의 현재가치는 1만 달러에 불과했다. 즉 두 번째 제안의 현재가치는 총 91만 달러였던 것이다.

만약 여러분이 레이건이라면 어떤 제안을 받아들이겠는가? 당연히 첫 번째 제안을 선택하지 않겠는가? 4만 달러나 차이가 나니 말이다. 하지만 레이건의 선택은 두 번째 제안이었다. 왜일까? 앞에서 설명한 것처럼 레이건이 집착한 것은 '백만장자'라는 타이틀이었기 때문이다. 돈이 아무리 많아도, 그러니까 99만 달러가 있어도 100만 달러가 되지 않으면 그 타이틀을 얻을 수 없다. 그런데 계약서에 100만 달러가 써 있다면 이야기는 달라진다. 자신이 백만장자라는 것을 증명할 수 있는 것이다. 그래서 레이건은 현재가치는 91만 달러라도 자신의 이름 옆에 100만 달러라는 숫자가 쓰인 계약서를 받아 들었다.

이 이야기는 협상을 잘할 수 있는 결정적인 방법을 가르쳐준다. 바로 상대방이 원하는 것을 명확히 알아야 한다는 것이다. 레이건은 '100만 달러'가 필요한 것이 아니라 '백만장자'라는 타이틀이 필요했다. 상대가 원하는 것을 명확히 알 수 있을 때, 그것을 제공할 수 있는 창의적인 해결책을 내놓을 수 있다. 30년 만기 정부채권처럼 말이다.

상대방이 원하는 것에 대해서는 넓게 바라볼 필요가 있다. 상대방이 나에게 말은 하지 않았지만 더욱 중요하게 생각하는 것이 있을 수 있다. 이처럼 드러나지 않은 상대방의 욕구를 파악하고 만족시켜줄 수 있는 능력이 협상에서는 큰 힘을 발휘한다.

▶ 상대의 또 다른 욕구를 찾아라

협상에 임할 때 주의해야 할 태도는 가격에 집착하거나 단기적인 이윤만을 추구하는 것이다. 가격이나 이윤 추구는 물론 비즈니스 협상에서 가장 도드라진 요소다. 문제는 협상에서 이 부분만을 중요시할 경우, 양측이 협력해서 나누어 가질 수 있는 다른 가치들을 창출하기 어렵다는 데 있다.

가격만을 중시하다 보면 협력 가능한 요소들을 놓치게 되고 결국 서로를 적대시하게 된다. 협상 초기에는 가치를 창출하려고 애를 쓰던 사람도 상대가 계속 가격만을 주장하면 자신도 모르게 제로섬 게임의 늪에 빠지게 된다. 여기에 매몰되면 양보의 폭을 놓고 서로 흥정하게 되고, 내가 양보한 만큼 상대가 양보하지 않으면 감정이 격해진다. 만약 양측이 갑을관계라고 한다면 을은 울며 겨자 먹기로 갑의 요구를 수용할 수밖에 없다. 이런 결과는 우리가 비즈니스 현실에서 수없이 목격하는 것으로, 이로 인해 많은 이들이 결국은 가격이 중요하고 이윤 추구가 전부라는 생각에 빠진다.

그러나 협상의 고수는 좀 다르다. 가격이나 경제적 이익만을 쳐다보지 않는다. 상대가 중요하다고 여길 만한 다른 요소들을 찾기 시작한다. 조직이든 개인이든 중요하게 생각하고 있는 또 다른 가치가 있는지 찾아보고 그 부분을 일깨워준다. 그것은 인간의 기본적인 욕망이나 가치를 생각해보면 비교적 쉽게 찾을 수 있다. 인간은 누구나 다른 사람들로부터 인정받고 싶어 하며, 위험을 피하고 안전성을 보장받고 싶어 하는 경향이 있다. 그래서 경제적 이익은 약간

적더라도 자신의 존재나 회사의 명예를 인정해주는 것을 소중히 생각하고 그것을 지킬 수 있는 선택을 할 수 있다. 또 정직하지 못한 거래나 공정하지 못한 거래는 결국 사회적으로 비난을 받게 된다는 사실을 알기 때문에 경제적 이익보다는 이러한 가치를 지키는 선택을 할 수 있다. 그러므로 우리는 협상에서 상대가 겉으로 드러내지는 않지만 각 개인이나 조직마다 중요하게 생각하는 가치가 있다는 점을 기억하고, 이를 찾아내 상대를 자극함으로써 협상의 파이를 키우고 서로가 상생하는 결과를 만들어내야 한다.

▶▶ 비즈니스 협상에서 '돈'이 가장 중요하다고?

미국 프로야구 텍사스 레인저스 구단에서 뛰고 있는 추신수 선수는 클리블랜드 시절 20-20 클럽에 가입하는 등 뛰어난 활약을 보였다. 자유계약 선수로 풀렸을 때 미국의 프로야구 구단 여기저기에서 러브콜을 받았지만 최종적으로 2개 구단으로 압축되었다. 뉴욕 양키즈와 텍사스 레인저스였는데, 추신수 선수는 결국 뉴욕의 명문구단 양키즈 카드를 버리고 텍사스 레인저스를 택했다. 특이한 것은 양키즈에서 제시한 몸값이 레인저스보다 1,000만 달러나 더 높았다는 사실이다. 프로선수들에게 연봉은 자신의 자존심과 같다. 그만큼 중요하다. 그런데 추신수 선수는 왜 낮은 연봉의 텍사스 레인저스를 택했을까?

첫 번째 이유는 가족이었다. 본인은 야구 시즌 내내 미국 여러 도시들을 돌아다니며 시합을 하니 거주지가 그다지 중요하지 않지만, 가족은 한번 정착하면 일정 계약이 끝날 때까지는 계속 머물러야 하기 때문에 거주지가 중요했다. 사랑하는 자신의 가족들을 범죄로부터 안전하게 지킬 수 있는 곳, 안락한 곳에서 살게 하고 싶었던 것이다. 알다시피 레인저스의 홈구장은 텍사스 주 오스틴에 있다. 오스틴은 미국 재정 데이터 서비스업체 월렛허브(WalletHub)의 발표 자료에 따르면 대도시 중 살기 좋은 도시 1위로, 풍경이 매우 아름답고 대학 도시라서 주민들의 민도 또한 꽤 수준 높은 곳으로 알려져 있다. 그에 비해 뉴욕은 겨울에 엄청나게 춥고 평상시에 범죄가 많이 발생하는 도시다.

두 번째 이유는 교민들의 응원이었다. 뉴욕에도 한인들이 많이 살긴 하지만 야구장까지 와서 응원하는 교민들은 그다지 많지 않다. 오스틴에는 삼성전자 반도체 공장과 협력업체가 입주해 있어서 한인 타운이 형성되어 있고 교민 수가 많은 편이다. 추신수 선수가 홈구장에서 경기할 때면 교민들의 열성적인 응원이 큰 힘이 된다고 한다.

비즈니스 협상에서 가장 중요한 것은 '돈'이라고 많은 사람들이 말한다. 물론 경제적인 이익은 가장 우선시되는 요소이기는 하다. 그러나 추신수 선수에게 몸값보다 더 중요한 가치가 있었던 것처럼 사람들의 욕구는 복잡하고 다양하다. 열 길 물 속은 알아도 한 길 사람 속은 모른다고 하지 않는가.

연봉협상의 경우를 생각해보자. 아끼는 B팀장이 A사장을 찾아와 이렇게 말한다.

B팀장: 사장님, 지금까지 제가 회사에 이바지한 부분이 나름대로 크다고 생각합니다. 이번에는 연봉을 20% 정도 인상해주셨으면 합니다.

B팀장은 성실하고 유능한 직원이다. 그러나 회사의 사업 분야를 확장하고 있는 현재 시점에서 연봉을 20%씩이나 인상해주기는 어렵다. A사장은 사실 10% 인상을 생각하고 있었다. 그런데 B팀장은 업계에서도 소문난 실력자이기 때문에 원하는 조건을 들어주지 않으면 다른 회사로 옮길 가능성이 크다. 유능한 인재를 놓치고 싶지는 않은데, 이런 경우에는 어떻게 협상을 진행해야 할까?

사람은 누구나 하나쯤 마음의 빈자리를 갖고 있다. 개인적인 사정들이 있기 마련이다. 아무리 연봉협상일지라도 직원들의 욕구는 단지 연봉수준에 한정되지 않는다. 그러므로 겉으로 드러나는 요구조건만 듣고 예스나 노로 대응하지 말고, 욕구를 파악하기 위해 의사소통해야 한다.

A사장: 물론 자네가 회사의 성장에 큰 힘이 되어주고 있다는 사실은 잘 알고 있네. 늘 고맙게 생각하네. 다만 새로운 사업에 진출한 지 얼마 되지 않아 회사의 자금 상황이 여유로운 편이 아니네. 그래서 올해는 연봉 인상의 폭은 좀 줄이고, 그 대신 직원들의 노고에 보답할 수 있는 다른 방법이 없을까 고민 중이네.

B팀장: 아, 네. 물론 지금 회사의 재정이 여유롭지 않다는 점은 저도 알고 있습니다. 하지만……

비즈니스 협상에서 돈, 경제적인 이익은 가장 우선시되는 요소이다.
그러나 이 부분만 중요시하다 보면
서로가 협력해서 나누어 가질 수 있는 다른 가치들을 창출하기 어렵다.

A사장: 혹시 연봉 인상 외에 회사에 바라는 점은 없는가? 업무상 힘든 점, 개선했으면 하는 점이 있다면 말해주게. 개인적으로 어려운 문제가 있다면 알려주고.

B팀장: 음, 사실 팀의 관리자로서 새로운 업무가 추가될 때마다 업무 프로세스를 정립하고 효율을 높이는 데 한계를 좀 느낍니다. 회사에서 지원해주신다면 프로세스마이닝과 관련된 교육을 체계적으로 받아보고 싶습니다.

A사장: 어, 그렇군. 일 잘하려고 공부한다는데 회사 입장에서는 고맙지. 관련해서 시간과 비용은 배려해줄 테니 알아보고 관리팀에 신청해주게. 그리고 올해 연봉 인상은 10%로 하고, 내년 하반기 새로운 사업이 안정화 궤도에 들어서는 시점에서 30% 인상을 약속하겠네. 그래도 되겠나.

B팀장: 네 알겠습니다. 감사합니다.

이 사례에서 A사장은 B팀장의 요구에 즉각 반응하지 않고 먼저 그의 수고에 고마움을 표했다. 그리고 회사의 사정을 솔직히 얘기한 후 연봉 인상 외에 바라는 점은 없는지 물으며 B팀장의 욕구를 탐색했다. 이러한 과정에서 두 사람 사이에 신뢰를 형성하고 연봉협상을 성공적으로 마무리 지을 수 있었다.

뛰어난 리더는 항상 부하직원의 마음속에 있는 빈자리, 욕구를 찾는다. 만약 해당 직원이 학력에 대한 열등감을 가지고 있다거나 업무 범위를 확장시키고 싶어 한다면, 관련해서 배움의 기회를 제공함으로써 그 빈자리를 메워줄 수 있다. 병마에 시달리는 가족이 있어 병원에서 출퇴근해야 하는 사람에게는 편의를 봐줄 수 있는 방안을 찾아볼 수 있다. 또 능력이 뛰어난 직원이라면 폭넓은 경험을 쌓을 수 있는 해외 근무를 제안할 수도 있다. 이처럼 리더가 직원들의 욕구에 귀 기울이고 그것을 충족시켜줄 수 있는 해결법을 제시한다면, 직원들은 연봉협상에서 액수의 차이에만 매달리지 않을 것이다.

▶▶ 뛰어난 유격수의 마음을 얻다

2008년 미국 프로야구 LA다저스에서 주전 유격수로 뛰고 있던 라파엘 퍼칼(Rafael Furcal)은 2006년부터 꾸준히 올스타에 이름을 올릴 정도로 잘나가던 선수다. 그런 그가 2008년 자유계약 선수 자격을 얻었다. 마음만 먹으면 어디든 갈 수 있었고, 기다렸다는 듯 오클랜드 애슬레틱스, 뉴욕 매츠, 애틀랜타 브레이브스 등 많은 구단들이 러브콜을 보냈다. 오클랜드는 4년에 4,800만 달러라는 파격적인 제안을 했고, 뉴욕 매츠는 무조건 최고 대우를 보장하겠다고 했다. 퍼칼이 메이저리그를 처음 시작해 신인상을 받았던 애틀랜타도 적극적으로 나서 '고향 같은 구단', '예전 동료들이 많은 구단'이라는 점을 내세워 설득했다. 심지어 언론에 "퍼칼과의 계약이 눈앞에 있다"라고 발표까지 했다.

그런데 막상 최종 계약 소식이 알려지자 사람들은 깜짝 놀랐다. 퍼칼은 3년에 3,000만 달러라는, 다른 구단들보다 좋지 않은 조건을 제시한 LA다저스와 재계약을 한 것이다. 사람들의 예상을 빗나간 이 계약의 비밀은 '소방차 한 대'에 있었다. 사연은 이렇다. 언젠가 퍼칼의 고향인 도미니카의 작고 가난한 마을에 불이 났다. 소방차 한 대만 있었으면 금방 진화할 수 있던 불이었는데, 그것이 없어 결국 마을 전체가 엄청난 손해를 입었다. 이 일은 퍼칼에게 큰 마음의 짐이 되었다. '난 성공한 고향의 자랑거리인데, 고향을 위해 한 일이 뭐가 있는가' 하고 자책하게 만든 것이다.

이 사실을 안 구단주는 퍼칼에게 제안했다.

"항상 고향 사정이 맘에 걸리지 않았나? 우리가 고향에 소방차를 한 대 보내주겠네. 더는 고향 사람들이 위험에 처하지 않도록 말이야. 그리고 소방차에 자네 등번호와 이름을 새겨주겠네. 고향을 생각하는 자네의 마음은 나에게 큰 감동이 되었네."

이 제안은 퍼칼의 마음을 움직였다. 예전 동료와 한 구단에서 뛸 기회, 더 많은 연봉을 받을 수 있는 기회를 모두 뒤로하고 LA다저스와의 재계약을 선택하게 만들었다. 어떤 사람은 이 얘기를 듣고 퍼칼이 돈을 더 주는 구단과 계약한 후 소방차를 직접 사서 고향에 보내주면 그만이지 않냐고 생각할 수도 있다. 그러나 퍼칼의 마음을 움직인 것은 단순히 소방차 한 대가 아니었다. 본인의 걱정을 알아주고 그 아픔을 함께 나누어준 구단주의 '진심'이었다. 퍼칼은 후에 자신의 결정에 대해 이렇게 말했다.

"다저스가 나와 내 고향을 진심으로 생각하고 있다고 느꼈다."

노련한 협상가는 '상대의 마음속에 자리하고 있는 빈자리'를 찾는 데 집중한다. 고향에 대해 마음의 빈자리가 있었던 퍼칼의 걱정을 함께 나누어 내 편으로 만든 LA다저스의 구단주처럼 말이다. 협상에서 상대방이 원하는 것이 무엇인지 넓게 바라보자. 겉으로 드러나지 않지만 상대방을 만족시켜줄 수 있는 요소들이 협상에서는 큰 힘을 발휘한다.

▶ 협상을 주도하는 힘, 질문

상대방의 욕구(interest)를 파악하기 가장 좋은 방법은 질문하는 것이다. 그런데 많은 사람들이 협상을 하면서 상대방에게 질문을 잘 건네지 않는다. 필자가 진행하는 협상수업의 모의협상 시간에도 마찬가지다. 물론 전혀 질문을 하지 않는 것은 아니다. 하긴 하는데 주로 이런 식이다.

"가격은 어느 정도 생각하십니까?"

"이 가격을 수락하시겠습니까, 안 하시겠습니까?"

"됩니까, 안 됩니까?"

이처럼 '예'나 '아니요'로 답할 수 있는 단답형 질문은 상대방의 욕구를 확인하는 데 별로 도움이 되지 않는다. 오히려 상대방의 요구조건에 얽매이게 할 뿐이다.

사람들이 질문을 잘 하지 않는 이유를 찾아보면 몇 가지로 요약할 수 있다.

첫째, 상대의 욕구를 알고 있다고 착각한다. 상대가 가격인하를 요구했을 때 '응, 그래, 가격 깎아서 원가절감을 하려는 거지?'라고 단정해버리는 것이다. 물론 가장 큰 이유가 원가절감일 수 있겠으나 그것이 전부는 아닐 수도 있다. 그렇기 때문에 설혹 답을 알고 있더라도 질문은 던져야 한다. 당신의 생각이 틀릴 수도 있고, 질문을 통해 뻔하지 않은 '아주 중요한 답'을 얻게 될 수도 있기 때문이다.

둘째, 질문을 던지면 자신의 무지함을 드러내게 되어 상대가 얕볼 것이라고 생각한다. '그것도 모르냐'는 시선을 받게 될까 두렵고, '다른 사람들은 다 아는데 나만 모르는 것 아닌가?' 싶어 쉽사리 질문하지 못한다. 그러나 질문은 모르는 것을 알고자 하는 관심의 표현이요, 한 치의 실수도 없어야 할 협상에서 정확성을 꾀하기 위해 꼭 필요한 도구이다.

셋째, 나중에 질문하면 될 것이라며 미루는 경향이 있다. 상대가 협상 도중 전문용어를 사용하거나 알 듯 말 듯 애매한 표현을 사용하는 경우가 있는데, 이때 '나중에 알아보면 되겠지' 또는 '누군가 질문하겠지' 하고 어물쩍 넘어가는 것이다. 그런데 이렇게 타이밍을 놓치고 나면 나중에 어떤 사태가 발생할지 모른다. 질문을 통해 의사소통을 꾀했다면 충분히 피해갈 수 있었던 오류 앞에서 후회하는 협상가들을 필자는 수없이 보았다. 질문을 미루지 마라. 궁금증이 떠오른 바로 그 순간보다 질문하기 더 좋은 때는 없다.

▶▶ 경청하라, 그리고 질문하라

상대방의 욕구를 자연스럽게 이끌어내기 위해서는 무엇보다 먼저 그의 이야기를 잘 들어줘야 한다. 자신의 이야기에 귀 기울이는 상대 앞에서 사람들은 마음의 문을 열기 마련이다. 영국 속담에 "지혜는 듣는 데서 오고 후회는 말하는 데서 온다"고 했다.

그렇다면 상대의 말을 어떻게 경청해야 할까? 먼저 상대의 말을 끊지 말아야 한다. 상대가 얘기를 시작하면 가능한 한 끝날 때까지 기다려주는 것이 좋다. 성격이 급한 사람들은 중간에 상대의 말꼬리를 자르기도 하는데 이는 협상에서 가장 손해 보는 일이다. 말꼬리를 잘린 상대의 기분이 좋을 리 없고, 머릿속에 못다한 말들이 남아 당신의 얘기가 귀에 들어오지 않게 된다. 부득이 잘라야 한다면 반드시 상대의 양해를 먼저 구하라. 상대 얘기를 충분히 듣고 난 다음에 당신 얘기를 시작해도 늦지 않다.

대화 중간중간에 패러프레이징(paraphrasing, 바꿔 표현하기)을 활용하는 것도 경청의 좋은 방법이다. 패러프레이징은 상대의 얘기를 다음과 같이 다시 한 번 요약·정리하는 것이다.

"제가 이해하기로는…….."

"결국 ……하다는 이야기군요."

"지금까지 얘기를 요약하면…….."

이 방법은 두 가지 효과가 있다. 첫째, 상대방의 얘기를 충분히 들어서 이해하고 있다는 인상을 줄 수 있다. 둘째, 상대의 얘기를 요약·정리함으로써 상대의 요구를 일정 범위 내로 한정시킬 수 있다.

상대방이 대화를 주도하도록 배려하면서 경청한 후에는 상대의 이야기를 확장시킬 수 있는 질문을 통해 겉으로 드러내지 않은 욕구, 그리고 진정으로 바라는 것이 무엇인지를 파악해야 한다. 그렇다면 상대의 감추어진 욕구를 파악할 수 있는 좋은 질문은 어떤 것일까? 다음은 협상테이블에서 활용할 수 있는 효과적인 5단계 질문법이다.

- 1단계(What?): 납품조건에 무엇이 중요한가요? (→ 가격입니다)
- 2단계(What Else): 그 외 어떤 조건이 중요한가요?

  (→ 품질이나 납기준수도 중요합니다)
- 3단계(Which?): 어느 것이 가장 중요한가요?

  (→ 가격이 제일 중요합니다)
- 4단계(Why?): 그것이 왜 중요한가요?

  (→ 판매가격이 이미 정해져 있기 때문입니다)
- 5단계(What if?): 만약 그 가격조건을 수용하지 않는 대신 A/S 기간을 늘려드린다면 어떨까요?

특히 마지막의 What if 질문법은 협상에서 매우 효과적이다. 이 질문은 만약의 경우를 가정하는 질문이라 상대가 답변하는 데 큰 부담을 갖지 않는다는 장점이 있다. 확정을 하거나 결정된 것이 아니기 때문이다.

▶▶ 질문은 곧 설득이다

질문은 협상테이블에서 상대의 욕구를 파악할 수 있게 해주고, 상대를 자연스럽게 설득하여 합의를 이끌어낼 수 있게 해주는 유용한 도구이다. 질문에 대해 답변을 하면서 다시 한 번 생각해보는 기회를 가질 수 있기 때문이다.

사람은 스스로 결정을 할 때 내적 동기가 극대화된다. 그러므로 상대를 설득할 수 있는 가장 좋은 방법은 스스로 결정을 내리게 유도하는 것이다. 상대를 설득하는 데 상대 자신만큼 좋은 설득자는 없다. 멋진 논리와 데이터를 들이대더라도 결국 결정을 내리는 사람은 당사자다.

그렇다면 어떻게 상대가 스스로에게 설득이 되도록 할 수 있을까? 조금씩 점진적으로 조심스럽게 질문을 던져라. 그래야 상대가 거부감을 느끼지 않는다. 질문 하나하나에 답변을 하면서 상대 스스로 깨달을 수 있도록 성찰의 시간을 주어야 한다. 처음에는 '노'라고 했던 상대도 자신의 의견을 피력할 기회를 가지게 되면 별 거부감 없이 얘기를 늘어놓게 된다. 그 과정에서 본인이 불합리하거나 무리한 요구를 했다는 것을 알아차릴 수 있다.

사례를 통해 질문의 힘을 알아보자. P사는 시각화에 특화된 마케팅 관리 프로그램 전문 회사다. 판매와 기술지원을 담당하는 영업팀장이 고객사 구매팀장을 찾아가 계약조건을 협상하고 있다.

S사 구매팀장: 2억원이라는 공급가는 기존에 사용하던 마케팅 관리 프로그램의 2배에 달하는 가격입니다. 최소 20% 정도는 할인을 해주셔야 계약을 진행할 수 있을 것 같습니다.

P사 영업팀장: 팀장님, 기존에 마케팅 관리 프로그램을 사용하실 때 이런저런 한계를 느끼고 새로운 시스템을 구축하길 원하시는 것으로 알고 있습니다. 구체적으로 어떤 점이 불편하셨나요?

S사 구매팀장: 뭐, 영업관리 측면에서는 딱히 불편하지 않았어요. 그런데 판매 현황을 세부적으로 분석할 수 있는 기능이 없으니 마케팅 전략 수립에 별 도움이 안 됐지요.

P사 영업팀장: 그러셨죠. 현재 유통되고 있는 마케팅 분석 프로그램 중 지점의 판매 현황과 고객의 구매 패턴을 연결지어 세부적으로 분석할 수 있는 기능을 제공하는 것은 저희 회사의 프로그램이 유일합니다. 또 분석 결과를 시각화해서 바로바로 볼 수 있는 점도 특화된 기능이죠. 이러한 기능을 활용하시면 효율적인 마케팅 전략 수립에 큰 효과를 보실 수 있습니다.

S사 구매팀장: 네. 사실 그 점 때문에 우리도 P사의 프로그램을 구매하려고 하는 것이긴 하죠.

P사 영업팀장: 기존 프로그램의 유지보수 측면은 어떠셨나요? 정기적으로 이루어졌나요?

S사 구매팀장: 아, 아니요. 문제가 생기면 원격으로 연결해서 해결해준다고 했지만 그게 잘 이루어지지 않았어요. 연결되어도 우리 쪽 직원이 프로그램의 기능에 능숙하지 못해 반영하기 힘들었고요. 또 업데이트 관리가 주기적으로 되지 않아 오류가 많이 생겼지요.

P사 영업팀장: 맞습니다. 프로그램은 유지보수 측면에서 업데이트 관리가 잘되어야 하고 새로운 기능에 대한 교육지원이 이루어져야 고객사들이 효율적으로 활용할 수 있습니다. 저희 회사는 프로그램의 공급가를 낮출 수는 없지만 장기적인 관점에서 5년 동안 무상으로 유지보수 서비스를 제공하겠습니다. 또 프로그램의 기능이 업데이트되었을 때는 사원들을 대상으로 교육을 해드리고요.

S사 구매팀장: 아, 그건 장기적으로 굉장히 좋겠군요.

P사 영업팀장: 그럼요, 다른 회사들이 대개 유지보수 용도로 매년 최소 500만원의 비용을 들인다는 점을 생각하시면 최소

2,500만원의 비용절감 효과를 보시는 것이고요, 사원 대상 교육은 시간과 비용 측면에서 상당히 큰 도움이 되실 것입니다.

이 사례에서 P사의 영업팀장은 가격인하를 요구하는 상대에게 즉답을 하지 않고 단계적으로 질문을 던진다. 먼저 상대가 '왜 이 계약을 체결하려 했는지' 필요성을 떠올리게 한 후 그에 부합하는 자사 제품의 장점을 인지시킨다. 그런 다음 또다시 질문을 던져 상대가 기존 제품의 문제점을 인식하게 한 후 자사가 제공할 수 있는 사후관리 서비스의 이점을 부각시킨다. 이 과정에서 질문에 답하던 S사 구매팀장은 스스로 설득되는 변화를 겪게 되는 것이다.

▶▶ Yes setting 협상법

물리학에 관성의 법칙이 있듯이 우리 뇌에도 비슷한 기능이 있다. 바로 항상성의 법칙이다. 일정한 방향이 세팅되면 현상이 변화해도 항상 불변적이거나 동일한 것으로 인식하는 것을 의미한다. 관성의 법칙처럼 진행되는 방향에 따라 쭉 간다는 것인데, 이 법칙을 협상에 이용하여 상대의 뇌를 '예스'로 '세팅하는' 방법을 살펴보자.

간단한 예를 들면 이렇다. 마음에 드는 이성과 교외로 드라이브하고 싶을 때 다짜고짜 "저랑 데이트 하실래요?"라고 하면 확률은 반반이다. 부담스러워하면서도 승낙하거나, 갑작스런 제안에 거부 반응이 생겨 거절할 것이다. 이 제안에 대한 성공 확률을 높이고 싶다면 다음과 같이 단계적으로 접근해본다.

"날씨가 많이 풀렸죠?"

먼저 이렇게 가볍게 응할 수 있는 질문을 건네면 상대는 '예스'라고 답할 것이다. 그다음에는 다시 이렇게 말을 건네본다.

"이런 날씨에 교외로 나가서 바람 쐬면 좋겠네요."

아마도 상대는 이번에도 별 거부감 없이 예스라고 할 것이다. 그러면 곧 이어서 다음과 같이 제의해본다.

"같이 가실래요?"

이렇게 제의를 하면 상대가 자연스레 승낙할 가능성이 높다. 상대의 예스를 끌어내면서 조금씩 접근하여 심리적 저항을 없애는 방법이다.

이러한 접근법은 남녀 간의 데이트뿐만 아니라 일반적인 협상에도 유용하게 적용할 수 있다. 협상 초기에는 서로가 대답하기 쉬운 주제부터 시작하여 예스를 세팅하는 것이다. 예를 들어, 한미 FTA 협상과 같은 경우에도 쌀이나 자동차 같이 민감한 주제는 1, 2차 협상에서 거론하지 않는다. 어느 정도 협상이 무르익고 서로 신뢰가 쌓이면 그제야 어려운 문제를 상정한다. 협상이건 남녀 데이트건 서두르지 말아야 한다. 차근차근 점진적으로 접근해야 상대가 경계심을 내려놓게 된다. '쇠뿔은 단숨에 빼라'는 말은 협상에는 맞지 않는 얘기다.

☑ 협상테이블에 나오는 협상가들은 두 가지를 가지고 있다. 하나는 무언가에 대한 '요구'이고 다른 하나는 마음속에 자리잡고 있는 '욕구'이다.

☑ 협상의 첫째 원리는, 상대의 요구에 얽매이지 말고 욕구를 파악하는 것이다.

☑ 상대의 요구조건을 받아들이고 직접 만족시키기 어려울 때는 왜 그런 요구를 하는지, 진정으로 원하는 것이 무엇인지를 찾아야 한다. 상대의 근원적인 내면의 욕구를 파악한 후 그것을 만족시킬 수 있는 방안들을 고민해야 협상의 실타래를 풀 수 있다.

☑ 협상에 임할 때는 상대의 욕구를 파악하기 위해 노력하는 것과 동시에 나의 욕구도 명확히 알고 있어야 한다. 상대의 욕구가 무엇인지를 생각하면서 그와 동시에 자신이 이 협상을 통해 얻고자 하는 것이 무엇인지를 명확히 알고 어떤 방식으로 교환해야 가치를 극대화할 수 있는지 고민해야 한다.

☑ 협상에 임할 때 주의해야 할 태도는 가격에 집착하거나 단기적인 이윤만을 추구하는 것이다. 협상에서 이 부분만을 중요시할 경우, 양측이 협력해서 나누어 가질 수 있는 다른 가치들을 창출하기 어렵다.

☑ 상대방의 욕구를 파악하기 위해 경청하고, 질문하라. 자신의 이야기에 귀 기울이는 상대 앞에서 사람들은 마음의 문을 열기 마련이다. 상대방이 대화를 주도하도록 배려하면서 경청한 후에 상대의 이야기를 확장시킬 수 있는 질문을 통해 겉으로 드러나지 않은 그의 욕구를 파악할 수 있다.

☑ 뛰어난 협상가는 서두르지 않는다. 차근차근 점진적으로 접근해야 상대가 경계심을 내려놓는다. 관성의 법칙은 협상에서도 적용된다. 상대의 뇌를 '예스'로 세팅하라.

Chapter 3

창의적 대안으로 파이를 키워라_Rule 2

▶ 창의적 대안 찾기

협상에 임하는 사람들이 가져야 할 중요한 자세 중 하나는 유연하게 사고하는 것이다. 유연한 사고는 틀에 얽매이지 않는 다양하고 자유로운 생각에서 출발한다. 여러 가지 사안이 얽혀 있는 협상에서 한 가지 해결책이나 거래를 고집하면 출구를 찾기 힘들다. 창의적 대안은 그래서 필요하다.

창의적 대안(creative option)이란, 당신과 상대의 욕구(interest)를 충족시키는 제3의 옵션이다. 협상을 타결시킬 수 있는 몇 가지 '예비적인 해결책'이라고 할 수 있다. '예비적'이라는 말 속에는 당신과 상대가 타결책으로 채택할 가능성이 있다는 의미가 담겨 있다. 상대를 만나서 얘기해보고 서로 원하는 것을 밝히다 보면 생각치 않았던 새로운 방안이 도출될 수 있기 때문이다.

여기서 잊지 말아야 할 사실은 상대방에게 유리하다고 당신에게 불리한 것이 아니라는 점이다. 최고의 협상이란 모든 당사자가 만족하는 해결책을 이끌어내는 것이지만 현실에서 그런 합의는 찾기 어렵다. 협상에 임하는 당사자들에게 물어보라. 협상이 끝나고 그 결과에 과연 100% 만족하는지. 그렇지 못한 경우가 훨씬 많을 것이다. 대개 협상은 교환(trade-off) 형식으로 끝난다. 자신에게 유리한 가치를 위해 상대적으로 적은 가치를 포기하는 것이다. 사람들은 협상의 이슈에 대해 저마다 다른 잣대로 평가한다. 같은 사안이라도 내게 중요한 것이 상대에게는 그다지 중요하지 않을 수 있다. 또 상대에게는 중요하지만 내게는 덜 중요할 수도 있다. 서로가 중요하게 생각하는 가치가 사안마다 다르므로 그 가치를 주고받으면 서로가 원원하는 상생의 결과를 이끌어낼 수 있다.

▶▶ 임신하면 직장을 그만두어야 한다고요?

모 방송국의 소위 잘나가는 피디(PD) 김수연은 너무 당황했다. 그리도 원하던 임신 소식을 전한 자리에서 시댁 어른들이 직장을 그만두라는 얘기를 했기 때문이다. 결혼 후 오랫동안 기다려온 임신은 본인에게 너무도 큰 선물이었다. 이 기쁜 소식을 하루라도 빨리 알려야겠다는 마음에 한걸음으로 시댁을 찾은 자리였는데 직장을 그만두라니, 어이가 없었다. 물론 이해는 되었다. 이제 임신을 했으니 매일 밤 늦게까지 하는 방송국 일은 그만두고 태아와 산모의 건강을 챙겨야 하지 않겠냐는 말씀이셨다. 분명 자신과 태아를 위한 말이긴 한데 되려 서운하게 들렸다. 자신이 기획한 예능 프로그램이 시청률 1위를 이제 막 달성했고 드디어 자신의 능력을 인정받기 시작한 때라 더욱 청천벽력 같은 소리였다.

김 피디는 방송국 일을 도저히 접을 수 없었다. 때마침 퇴근한 남편과 상의했지만 반응이 뜨뜻미지근했다. 어른들의 뜻이니 자신은 함부로 맞설 수 없다며 한발 물러섰다. 할 수 없이 시할머니를 비롯하여 시부모님에게 방송국 사정을 설명했더니, 며느리 의견이 정 그러하다면 가족회의에서 다수결로 결정하자고 하셨다. 이제 시댁 식구들을 한 사람씩 각개격파하여 자신의 뜻을 관철시켜야 했다. 남편은 자신의 편을 들겠지만 시댁에 얹혀사는 시숙부 내외가 께름칙했다. 당연히 시댁 어른 편에 설 것 같은 느낌이 들었다. 그냥 찾아가 도와달라고 하면 거절할 것 같은데 어떻게 해야 할까?

시숙부 내외를 설득할 방안을 곰곰이 생각해보던 김 피디는 그들에게 말 못할 고민이 있다는 사실에 무릎을 딱 쳤다. 초등학교 다니는 아들 녀석의 성적이 형편없었던 것이다. 어디 개인과외라도 시키고 싶지만 얹혀사는 처지에 언감생심 엄두를 내지 못하고 있었다. 마침 김 피디에게는 KAIST에 재학 중인 친정 동생이 요즘 휴학을 하고 집에서 쉬고 있었다. '옳지 이 카드를 사용하면 되겠다' 싶어 시숙부 내외를 찾았다.

김 피디: 제 직장 문제로 가족회의 열리는 거 아시죠?

시숙부: 들었지, 아니 배불러서 어떻게 일을 하려고 그래, 조심해야지.

김 피디: 네, 조심해야죠. 아 참, 진우는 요즘에도 공부에 통 관심이 없나요? 지난번에 많이 걱정하시는 것 같던데.

시숙부: 어, 뭐 맨날 그렇지.

김 피디: 그래서 말인데요, KAIST에 재학 중인 제 동생이 지금 휴학 중이거든. 제가 진우 공부 좀 봐달라고 부탁할까요?

시숙부: 에구, 그러면 좋지만 우리 형편에 과외는 무슨…….

김 피디: 비용은 걱정 마세요. 제가 용돈 챙겨주면 되니까요. 일단 일주일에 한 번씩 만나는 걸로 동생에게 얘기해둘게요.

시숙부: 어어, 고마워. 애기 문제로 힘들 텐데 우리까지 생각해주니 고맙네.

이제 질부로부터 무료과외라는 선물을 받은 시숙부 내외가 종전의 완강했던 태도를 고수할 수 있을까? 마음 한구석에서부터 변화가 생겨 결국 가족회의에서 김 피디의 손을 들어주지 않을까? 이 상황에서 우리는 창의적 대안의 실마리를 찾을 수 있다. 김 피디에게 직장을 계속 다니는 것은 개인적으로 너무 중요한 일이고, 친정 동생의 무료 과외는 그에 비하면 별것 아닌 일이다. 시숙부 내외에게 아들의 성적 향상은 매우 중요한 일이고, 그에 비하면 질부의 직장 문제는 별것 아니다. 결국 양측은 협상을 통해 서로가 원하는 것을 챙길 수 있는 것이다.

김 피디는 시부모님의 반대라는 문제에 직면했을 때 시부모님을 직접적으로 설득하는 데 급급하지 않고 사안을 넓게 바라보았다. 그러자 문제 해결에 영향을 미치는 제3자인 시숙부 내외를 떠올릴 수 있었고 그들의 내면의 욕구를 파악하여 창의적 대안을 도출할 수 있었다.

▶ 첫 번째 패턴: 협상의 안건을 키워라

수많은 협상 사례를 조사해보고 분석해보면 우리가 갖고 있는 고정
관념을 깼을 때 창의적인 대안을 찾을 수 있다는 사실을 알 수 있
다. 결국 협상이란 사람과 사람이 하는 것 아니겠는가. 훌륭한 결과
를 도출했던 협상은 모두 사람이 만들어낸 것이기 때문에 거기서 발
견할 수 있는 몇 가지 패턴이 존재한다. 그 패턴을 따라가보자.

미국 애리조나 주의 쓰레기 수거 업체의 기가 막힌 협상 사례를
먼저 살펴보자. 캘리포니아 주 오션사이드 시청의 쓰레기 수거 입찰
공고가 발표되었다. 캘리포니아에 소재하고 있는 수많은 쓰레기 수
거 업체가 입찰에 참여했다. 애리조나 주에서 쓰레기 수거 업체를
운영하는 캘리 사버로서는 거리상으로 무조건 불리한 이 입찰에서
이길 방법이 없었다. 왜냐면 쓰레기 수거는 운반비용이 모든 것을
좌우하기 때문이다. 그런데 캘리 사버는 남들이 갖고 있는 고정관념
을 깨뜨리는 방식으로 결국 입찰을 따냈다. 그것도 다른 회사보다
높은 입찰가격을 써냈는데도 말이다. 대체 어떻게 그런 일이 가능했
을까?

오션사이드 시청의 주요 수입원은 관광산업이다. 그곳에는 파도
타기에 적당한 해변이 유명했고 사시사철 많은 사람들이 찾아왔다.
캘리 사버는 오션사이드에서 파도타기를 하다가 중요한 사실을 알
게 되었다. 바로 해변이 침식되어간다는 것이었다. 이 해변은 오션사
이드 시가 자랑하는 주요 관광지로 부동산 가치를 지켜주는 보루였
다. 캘리 사버는 이 점에 초점을 맞추었다. 오션사이드 시청에 단순

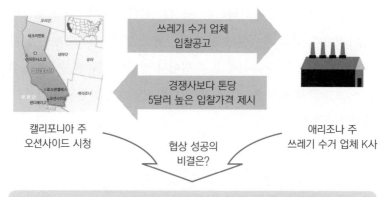

쓰레기 수거 업체
입찰공고

경쟁사보다 톤당
5달러 높은 입찰가격 제시

캘리포니아 주
오션사이드 시청

협상 성공의
비결은?

애리조나 주
쓰레기 수거 업체 K사

> K사는 오션사이드 시의 숨은 욕구인 해변 침식 문제에 대한 해결책을 제시함으로써 경쟁사보다 높은 입찰가격을 제시했음에도 불구하고 계약을 성사시켰다.

히 쓰레기 수거뿐만 아니라 해변을 보존할 수 있는 방안을 같이 제안했다. 사버의 회사는 애리조나 주에 쓰레기 하치장이 있었는데 그 주변은 사막으로 온통 모래투성이였다. 사버는 회사 트럭으로 오션사이드 시 밖으로 쓰레기를 치우는 한편, 애리조나 주에 있는 신선한 모래를 가져와 해변에 쏟아붓겠다고 제안했다. 시청 입장에서 보면 쓰레기 수거 비용이 조금 더 들더라도 소중한 해변을 지킬 수 있으니 추가 비용을 받아들일 것으로 생각한 것이다.

물론 오션사이드 공무원들은 수거 비용을 줄일 수 있는 쓰레기 사업자를 원하고 있었다. 하지만 캘리 사버의 제안을 듣고 그 가치를 금방 알아차렸다. 그래서 추가 비용을 지불하면서까지 캘리 사버의 회사에 쓰레기 처리를 맡기게 되었다.

비즈니스 거래에서 가격이라는 가치는 너무도 중요하다. 그러나 가격 외에도 납기준수, 품질, 대금지불조건, 브랜드 파워, 신용도 등 등 고려해야 할 여러 조건들이 존재한다. 경쟁 입찰에는 무조건 저가 입찰이 최고라고 생각한다면, 당신은 이미 고정관념에 사로잡혀 있는 것이다. 상대 회사에서 진정으로 필요로 하는 니즈(욕구)를 파악하고 그 니즈를 충족시켜줄 수 있어야 협상에 성공할 수 있다. 수많은 요소들을 협상테이블에 올려라. 빠짐없이 올려놓고 협상하라. 가격이 전부가 아니다.

▶▶ 폭스바겐의 중국 진출 협상

폭스바겐의 중국 진출 사례도 협상의 안건을 확대하여 창의적 대안을 도출한 경우이다. 1984년 중국 정부와 폭스바겐은 중국 시장 진출을 놓고 협상테이블에 앉았다. 당시 세계의 자동차 회사들이 중국 시장에 눈독을 들이고 있었지만 중국 정부가 요구하는 '기술 이전' 조건에 발목이 잡혀 중국으로의 진출이 녹록치 않았다. 하지만 폭스바겐은 중국 정부와 합작기업을 설립하고 2000년대 초반 중국 승용차 시장의 반 이상을 차지하는 큰 성과를 기록했다. 그 비결은 무엇이었을까?

당시 글로벌 자동차 회사들은 모두 중국 정부가 요구하는 기술 이전에 거부 반응을 보였다. 기술을 이전하면 중국이 머지않아 자체 개발을 하여 자국 시장은 물론이고 해외 시장도 잠식할 것이라는 점을 우려했다. 폭스바겐도 마찬가지였다. 하지만 기술 이전에 대한 중국 정부의 열화와 같은 욕구를 파악한 폭스바겐은 타 경쟁사와는 다른 접근을 시도했다. 기술 이전이라는 한 가지 어젠다(agenda)에만 몰입하지 않고 협상테이블에 또 다른 안건을 올렸다. 즉 '다른 외국 자동차 회사의 투자 제한, 관세 장벽(예를 들면 수입 완성차에는 높은 관세, 부품에는 낮은 관세 부과) 두기, 중국 정부와 국영기업의 폭스바겐 승용차 우선 구입'이라는 세 가지 어젠다를 추가한 것이다.

중국 정부로서는 기술 이전만 된다면 나머지 요구를 들어주어도 큰 손해가 없었다. 결국 중국 정부와 폭스바겐, 모두가 만족하는 협상 결과가 나왔다. 폭스바겐은 이후 현지 시장점유율이 54%까지 올라갔고, 중국 정부도 기술 이전을 받아 현지 부품 사용 비율이 95%까지 올라갔다.

▶▶ 기브 앤 테이크 vs 테이크 앤 기브

폭스바겐이 기술 이전을 조건으로 중국 정부로부터 원하는 거래조건을 받아낸 것처럼 협상에서 이런 창의적 대안을 만들어내는 데에는 순서가 있다. 먼저 상대의 요구를 들어주고 그 조건부로 나의 요구도 들어달라고 하는 것이 순서다. 내 요구부터 먼저 들어달라고 하면 해결책이 잘 나오지 않는다. 협상에서는 주고받는 것, 곧 '기브 앤 테이크(give and take)' 원리가 주요하게 작용한다.

그런데 먼저 주고 나서 나중에 돌려받기를 기대하는 것은 고통스럽다. 사실 '테이크 앤 기브(take and give)'가 가장 좋은 경우일 것이다. 할 수만 있다면 받고 나서 줄까 말까를 고민하는 것이 훨씬 좋다. 그래서 좋은 방법은 조건부 계약이다. 테이크 앤 기브가 안 된다면 조건부 기브 앤 테이크로 치고 나갈 일이다.

상대도 원하는 것을 얻고 나도 원하는 것을 얻는 협상이 가장 바람직한 협상이다. 이게 바로 윈윈협상이다. 윈윈협상의 원리는 협상 안건을 키우고 추가해 파이를 키우는 것이다. 파이를 키우기 위해서는 다음과 같은 질문에 답을 해야 한다.

- 이번 협상에서 우리의 목표는 무엇인가?
- 양보할 수 있는 조건과 양보를 얻을 수 있는 조건은 무엇인가?
- 그 외에 주고받을 수 있는 조건은 무엇인가?
- 각각의 조건들이 서로에게 어떤 가치를 지니는가?

이러한 질문은 다양한 협상의 안건을 개발하고 활용할 수 있는 여지와 기회를 제공해준다. 안건이 눈에 보이는 것 하나밖에 없다고 생각하지 말고 넓혀가는 것이 기술이다. 안건을 넓히기 위해서는 상대방이 진정으로 원하는 것이 무엇인가를 생각할 줄 아는 넓은 시야를 가져야 한다.

▶ 두 번째 패턴: 협상의 안건을 잘게 쪼개라

협상 사례에 자주 등장하는 얘기다. 한밤중에 서로 레몬이 필요하다면서 다투고 있는 자매가 있다. 냉장고에 딱 하나 남은 레몬을 다음 날 학교에 꼭 가져가야 한다는 것이다. 그것도 하나를 통째로. 어떻게 하면 둘 다 만족할 수 있게 레몬을 나눌 수 있을까?

이럴 때 협상의 원리를 아는 엄마의 행동은 다르다. 먼저 질문을 던진다. 왜 레몬 하나를 통째로 가져가야 하는지 이유를 묻는다. 그러자 언니는 레몬으로 향수를 만들기 위해서라고 답한다. 동생은 레모네이드를 만들기 위해서라고 대답한다. 이제 용도를 명확히 알았으니 서로의 욕구를 충족시켜줄 수 있는 방법을 찾을 수 있다. 언니는 레몬 껍질을, 동생은 알맹이를 가져갈 수 있게 나누면 된다.

이 사례는 레몬을 두 사람에게 나누어줄 때 반드시 반으로 쪼개야 한다는 고정관념을 깨고 껍질과 알맹이라는 가치로 나누는 창의적 대안을 보여준다. 실전 협상에서도 일반적으로 알고 있는 하나의 안건을 깊이 파고 들어가 잘게 나누다 보면 창의적인 대안을 도출할 수 있다.

▶▶ 하나SK카드 경영권 협상

2010년 하나금융그룹은 하나은행 내에서 운영해오던 하나카드를 단독 계열사로 분사하기로 결정했다. 이를 통해 추후 다른 은행을 인수하고 하나금융그룹의 캐시카우(cash cow) 역할을 해줄 계열사로 키우려고 했다. 하나금융그룹은 우선 협상대상자로 SK텔레콤을 선정하고 조인트 벤처를 하기로 결정했다. 통신업계 1위인 SK텔레콤과의 합작회사를 통해 2,500만 명에 달하는 고객 데이터베이스를 확보하여 시장점유율을 높이고, 마케팅 측면에서 선도적인 SK텔레콤의 노하우를 활용할 수 있을 것으로 기대하였기 때문이다. 이러한 이유로 하나카드를 분사하되 최소 51% 이상의 지분을 소유하여 경영권을 지키려고 했다.

하나의 안건에 매몰되어 협상의 실마리를 찾지 못할 때,
그것을 좀 더 깊이 파고 들어가 잘게 나누면 창의적인 대안을 도출할 수 있다.

반면, SK텔레콤은 생각이 좀 달랐다. 카드사업에 진출한다면 통신업을 넘어 금융업이라는 새로운 수익원을 창출할 수는 있겠지만 문제는 경영권이었다. SK텔레콤은 단순히 카드사업을 넘어서 모바일금융 결제시장을 선점하고 이를 통해 해외에도 모바일 결제 표준을 구축하려고 하였다. 따라서 경영권을 확보하는 것이 중요 이슈였다. 또한 자신들의 마케팅 전략과 회사 운영이 하나금융에 비해 훨씬 우위에 있다고 생각하였기 때문에, 반드시 50% 이상의 지분을 소유하여 경영권을 확보하고자 하였다.

이러한 시각 차이 때문에 두 회사는 지분 소유 비율을 둘러싼 경영권 확보에서 이견을 좁히지 못하고 협상이 계속 지연되었다. 마침내 두 기업은 새로운 방안을 논의하기 시작하였다. 우선 가장 큰 쟁점이었던 경영권을 기능과 권한에 따라 전문성을 살리는 방향으로 나누기로 했다. 하나금융지주가 51%의 지분을 소유하여 최고경영자(Chief Executive Officer, CEO)를 맡고, 재무 운영 측면에서 노하우와 연륜이 있음을 내세워 최고재무책임자(Chief Financial

Officer, CFO)를 맡기로 하였다. 반면에 SK텔레콤은 마케팅과 운영 측면에서 상대적으로 우세하므로 최고운영책임자(Chief Operating Officer, COO)와 최고마케팅책임자(Chief Marketing Officer, CMO)를 맡기로 했다. 그 대신 이사회는 동수로 구성하는 것으로 합의하였다.

이로써 SK텔레콤은 경영권 확보 욕구를 채우고, 하나금융그룹은 지분을 매각함으로써 현금 유동성 확보의 욕구를 채울 수 있는 방향으로 협상이 타결되었다. 이것이 '하나SK카드' 탄생 스토리다. 물론 이 협상의 성공에는 지분매각금액을 비롯해 기타 다른 요소도 작용하였다. 하지만 이 사례는 일반적으로 합의를 이루기 어려운 경영권이라는 안건도 좀 더 깊이 파고 들어가면 창의적 대안을 찾을 수 있다는 점을 분명히 보여주었다.

▶▶ 록히드마틴 경영권 협상

경영권에 시간적 개념을 도입한, 또 다른 창의적인 대안을 보여준 회사도 있다. 세계 1위 방위산업체인 미국의 록히드마틴은 1995년 록히드(Lockheed Corporation) 사와 마틴 마리에타(Martin Marietta) 사의 합병으로 탄생했다. 당시 구소련의 변화로 전 세계 무기 수요는 급격하게 줄어들었다. 위기를 감지한 두 회사는 합병만이 살길이라고 인식하고 협상테이블에 마주 앉았다. 그리고 합병에 필요한 기술적인 부분과 가장 민감한 문제인 재무적인 부분 등에서 극적으로 합의를 이끌어냈다. 그러나 마지막 단계에서 생각지 못했던 난관에 봉착했다. 두 회사의 회장이 합병 법인의 대표자리를 놓고 한 치의 양보도 하지 않았던 것이다. 수십 차례 만나 합의점을 도출하고자 노력했지만 허사였다.

협상 결렬을 선언한 당일, 마틴 마리에타 사의 노먼 오거스틴 회장은 잠을 이룰 수가 없었다. 아무리 생각해봐도 합병만이 두 회사가 살아남을 수 있는 유일한 해법이었다. 그는 너무나 아쉬운 나머지 한밤중에 록히드 사의 대니얼 텔레브 회장에게 전화를 걸어 물었다.

"왜 그토록 CEO 자리를 고집하십니까?"

텔레브 회장은 한숨을 쉬면서 대답했다.

"만일 내가 CEO 자리를 내놓는다면 사람들은 젊은 오거스틴 회장에게 밀려난 것으로 생각할 것입니다."

은퇴를 앞두고 상대적으로 나이가 많았던 텔레브 회장(당시 63세)의 자존심이 협상의 걸림돌이었던 것이다. 텔레브 회장은 잠시 후 이렇게 제안했다.

"만약 당신이 회장 겸 CEO 자리를 내게 양보한다면 2년 후에 물려주겠소."

그 얘기를 들은 오거스틴 회장은 곧바로 제안을 수락했다. 결국 텔레브 회장은 록히드마틴의 초대회장 겸 CEO로 부임했고, 2년 후에 오거스틴에게 자리를 물려주고 명예회장으로 남게 되었다.

이 극적인 협상에 소요된 시간은 불과 3분이었다. 팽팽한 자존심 대결로 결렬될 위기에 처했던 협상의 돌파구는 상대의 진정한 욕구를 찾아내려는 오거스틴 회장의 질문으로 열리게 되었다. 그리고 텔레브 회장이 경영권이라는 안건에 시간적 개념을 도입하는 창의적 대안을 제시함으로써 협상이 타결될 수 있었다.

▶ 세 번째 패턴: 협상의 안건을 교환하라

협상테이블에서 당신은 상대와 무엇을 주고받아야 할까? 앞에서 언급했듯이 협상에서 사람들이 자주 오해하는 것 중 하나가 '내게 중요한 것이 상대에게도 똑같이 중요하다'고 생각하는 것이다. 이것이 협상의 파이를 키우는 데 커다란 걸림돌이 된다. 비즈니스 협상에서 가격 조건은 매우 중요하다. 가격 외에 납기도 중요하다. 그런데 제품을 공급하는 입장에서 만약 재고가 충분하다면, 납기는 그다지 중요하지 않을 수 있다. 반면 구매자 입장에서는 원자재 수급 일정이 빠듯하다면, 어쩌면 가격보다 납품일정이 더 중요할 수도 있다.

이러한 사실을 인식한다면 협상을 타결시킬 수 있는 여지가 많아진다. 그래서 협상의 고수들은 논의할 안건들을 일단 모두 테이블 위에 올려놓는다. 그리고 나서 안건의 중요도에 따라 서로 교환한다. 어떻게? 내게 덜 중요하지만 상대에게 중요한 것은 내주고, 상대에게 덜 중요하지만 내게는 중요한 것을 가져오는 것이다. 이처럼 중요도가 서로 다른 안건을 활용해 협상을 진행하는 방법을 협상 용어로 '바게닝 믹스(bargaining mix)'라고 한다.

▶▶ 볼보의 삼성중공업 건설기계 부문 인수 협상

1998년 진행된 볼보건설기계와 삼성중공업의 협상에서도 바게닝 믹스 방법이 사용되었다. 볼보건설기계는 국제통화기금(IMF) 관리

체제 한파 이후 삼성중공업의 애물단지가 되어버린 중장비 분야를 인수했다. 그리고 670억원의 부채를 안고 있던 기업을 인수한 지 2년 만에 흑자로 전환시키는 대성공을 거두었다. 그 비결은 협상에서 바게닝 믹스를 통해 양측이 나누어 가질 수 있는 파이를 키웠기 때문이다.

협상 초기에는 양측 모두 매각비용을 얼마로 할 것인가에 초점을 맞추었다. 당연히 삼성은 높은 가격을 고집했고 볼보 측은 낮은 가격에 인수하기를 원했다. 하지만 볼보는 매각비용보다 더 중요하게 생각하는 것이 있었다. 바로 삼성이라는 브랜드 파워였다. 만약 삼성이라는 브랜드와 기존의 영업망을 이용할 수 있다면 인수가격은 그다지 중요하지 않았다. 그래서 매각비용 이외의 다양한 협상 안건을 협상테이블에 올려놓았다.

삼성중공업도 새로운 안건을 추가했다. 브랜드 사용에 대한 로열티 요구와 함께 자동차 시장 진출을 위해 세계적 수준인 볼보의 자동차 기술 이전을 요청했다. 삼성 입장에서는 볼보의 선진 자동차 기술을 배우는 것이 매각비용만큼이나 중요했다. 반면 볼보의 경우 자동차 기술 이전은 크게 중요한 문제가 아니었다. 결국 이 협상은

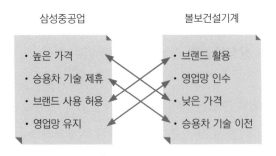

바게닝 믹스가 성공적으로 이루어져 양측 모두 만족하는 결과로 타결되었다.

협상의 고수들은 한 가지 이유나 안건에 매달리지 않는다. 상호관심을 가질 만한 안건을 모두 올려놓고 사안의 중요성을 따져본다. 거기에는 분명히 중요도의 차이가 발생하기 마련이다. 안건에 대한 우선순위가 서로 다르기 때문이다. 이 대목에서 반드시 잊지 말아야 할 사실은 자신의 우선순위를 명확히 아는 것이다. 협상에 임하는 많은 이들이 안건의 중요성에 대해 그다지 심각하게 생각하지 않는 경향이 있다. 그냥 모두 중요하다고 쉽게 말한다. 하지만 깊이 따져보아라. 협상에서 자신이 반드시 지켜야 할 안건이 있고, 있으면 좋지만 없어도 별반 차이가 없는 안건이 있기 마련이다. 이것을 구분하지 못하면 협상에서 실리를 얻을 수 없다.

▶▶ SC제일은행 본점 매각 협상

SC제일은행은 서울 명동 한국은행 앞에 있는 옛 제일은행 본점 건물에 대해 신세계로부터 수차례 매수 제의를 받았다. 신세계 그룹은 이 일대를 '신세계 타운'으로 키우려는 계획을 가지고 있었다. 제시된 매수가격이 나쁘지 않았는데도 SC제일은행이 신세계의 제의를 매번 거절한 이유는 이 건물이 제일은행의 전신인 조선저축은행이 1935년에 지은 것으로 역사적 상징성이 컸기 때문이었다.

그러나 2016년 들어 SC제일은행은 새 점포 개설, 영업시간 연장을 위한 전산 시스템 구축 등을 위한 재원이 필요했다. 그래서 신

SC제일은행		신세계백화점
건물의 역사적 의미와 상징성 포기		이마트 등 약 60여 개의 주요 대형 유통망 활용 허가
새로운 고객 채널 구축 (신개념 미니 점포 설치)		백화점 확정을 위한 부지 확보

세계그룹을 다시 접촉해 건물 매각 협상에 나섰다. 이 협상에서 SC 제일은행이 매각가격보다 중요하게 생각한 것은 영업력 강화를 위한 점포 확대였다. 백화점이나 마트에 소규모 은행점포를 입점시키는 새로운 점포 전략을 펼치기로 한 SC제일은행으로서는 당시 전국 60여 개 대형점포를 가진 이마트 매장 내에 은행점포를 개설할 수만 있다면 매각가격은 큰 문제가 되지 않았다. 한편 신세계 그룹 입장에서는 이마트 매장 안에 은행상담데스크를 설치하는 것이 별 문제가 되지 않았다. 오히려 쇼핑객들에게 편리한 서비스를 제공하는 수단이 될 수 있었다. 양 사의 이해관계가 잘 맞아떨어진 것이다. 결국 SC제일은행은 건물의 역사적 상징성을 포기하는 대신 60여 개 미니 점포를 챙겼고, 신세계 그룹은 큰 부담 없이 신세계 타운을 조성할 수 있게 되었다.

그렇다. 협상은 주고받는 것이다. 다만 '무엇을 주고 어떻게 받을 것인가'에 따라 성공한 협상이냐 아니냐가 판가름 나게 된다. 협상테이블에서 한 가지 안건에 집착하지 말고 다양한 안건을 올려놓아라. 그런 다음 협상 안건들에 대한 상대적 중요성이 파악되고 나면 효과적인 트레이드 오프 또는 바게닝 믹스를 할 수 있다.

▶▶ 시나이 반도 반환 협상

1967년 이스라엘은 6일 전쟁을 일으켜 이집트령 시나이 반도를 전격 점령한다. 이후 양국은 시나이 반도를 두고 크고 작은 전쟁을 계속 벌이게 된다. 중동지역 긴장을 해소시키기 위해 미국, 영국, 프랑스, 러시아 등 여러 나라가 나섰지만 해결하지 못하다가 1978년 지미 카터(Jimmy Carter) 미국 대통령이 협상을 주도해 이 문제를 해결하게 된다. 이것이 유명한 '캠프 데이비드(Camp David) 협상'이다. 결과는 이스라엘이 시나이 반도를 이집트에 반환하고 해당 지역에 다국적 평화유지군을 주둔시키는 것이었다. 이 협상이 세계평화에 기여했다는 인정을 받아 이집트 사다트 대통령과 이스라엘의 베긴 총리는 노벨평화상까지 수상하게 되었다.

이 협상의 과정을 좀 더 자세히 살펴보자. 이집트는 땅의 소유권에 더 많은 관심을 가진 반면, 이스라엘은 땅이 제공하는 안보적 방위 문제에 더 큰 관심을 가지고 있었다. 시나이 반도에 대한 서로 다른 시각과 가치관에 따라 양측의 우선순위가 달랐고, 결국 두 쟁점을 서로 교환하는 것으로 타결이 되었다. 바게닝 믹스를 한 것이다.

그런데 왜 이런 방안이 진작 나오지 않았을까? 11년 동안이나 서로 전쟁의 피해를 주고받는 희생을 치르면서도 왜 이 같은 아이디어를 내지 못했을까? 양국의 자존심 대결, 정치적 이슈, 아랍동맹권 사이의 이권 다툼 등 여러 가지 복잡한 걸림돌이 존재하고 있었기 때문이다. 그러나 단순하게 협상학적인 측면에서 보자면 영토에 대한 고정관념, 영토를 소유하게 되면 당연히 주권과 군사권을 가지는 것이라는 생각이 가장 큰 걸림돌로 작용하고 있었던 것이다. 지미 카터 대통령은 이러한 고정관념에서 벗어나 보다 넓은 시각으로 협상의 안건들을 바라보고 영토의 주권과 군사권을 분리하는 창의적 대안을 도출해냄으로써 두 나라 간에 윈윈협상을 이루어냈다.

▶ 네 번째 패턴: 내기를 걸어라

협상의 타결책을 찾는 과정에서 발견되는 또 다른 어려움은 미래에 대한 기대치가 서로 다른 경우에 발생한다. 미래는 불확실하기 때문에 앞으로 어떤 일이 생길지 그 누구도 장담할 수 없다. 하지만 경우에 따라서는 협상 당사자들 중에 미래의 수익가치를 협상 대상으로 올려놓기도 한다. 프로농구 선수의 연봉협상 사례를 예로 살펴보자.

매년 시즌이 끝나면 프로농구 선수들은 연봉협상에 돌입한다. 성적이 좋았던 선수들은 큰 폭의 연봉 인상을 기대하지만 구단의 생각은 조금 복잡하다. 구단의 예산 범위를 넘어설 수는 없기 때문이다. 따라서 연봉에 관한 한 선수들과 구단은 서로 반대 입장일 수밖에 없다.

선수: 이번 시즌에 저는 득점, 리바운드, 어시스트 등 3개 부문에서 트리플더블을 기록했습니다. 지난 시즌 낮았던 연봉을 이번에 보상받고 싶습니다. 내년 시즌 연봉은 100% 인상해주셨으면 합니다.

구단: 그래, 자네 성적은 아주 뛰어났지. 팀 기여도 면에서도 훌륭했어. 그런데 이젠 나이를 생각해야 하지 않겠나? 내년이면 30대인데 올해와 같은 성적을 거둔다고 장담할 수는 없지. 연봉 50% 인상은 가능하지만 100%는 어렵네.

선수: 저는 자신 있습니다. 내년에도 올해와 같은 좋은 성적을 올릴 수 있다구요. 아직은 체력도 팔팔하고 컨디션도 좋습니다.

구단: 글쎄, 장담할 수는 없지 않은가?

선수: 좋습니다. 그렇다면 이렇게 하는 것은 어떨까요? 저랑 내기를 하시죠.

구단: 내기라니? 어떤 내기를 하자는 건가?

선수: 구단에서는 저의 내년 성적을 걱정하시는 거죠. 그러면 구단 요구대로 50%를 수락하겠습니다. 단 조건이 있습니다. 만약 내년에 올해와 동일한 성적이나 그 이상의 성적을 올린다면 추가로 50%를 더 지불해주십시오. 그러면 서로 공평해지지 않을까요? 저는 성적을 올리기 위해 열심히 노력할 것이고, 그래서 성과가 좋다면 그건 팀에도 좋은 일이니까요.

구단: 흠, 그 방법도 나쁘지 않겠군.

어떤가? 이 방법대로 한다면 내년 성적을 두고 양측이 싸울 필요가 없게 된다. 구단은 구단대로 예산 편성에 여유를 가질 수 있고, 대외적으로도 연봉협상을 잘했다는 소리를 들을 수 있다. 한편 선수는 선수대로 비록 확정된 연봉은 기대보다 못하지만 열심히 할 경우 큰 인센티브를 받을 수 있기 때문에 동기 부여가 된다. 양측 모두 서로에게 득이 되는 합의를 이룬 것이다. 궁극적으로 중요한 것은 팀 전체의 성적이지 금액은 아닐 테니 말이다.

이러한 협상 방법을 창의적 상황 협상(creative contingency negotiation)이라고 한다. 이 협상 방법이 유효한 것은 미래를 예측할 수 없는 인간의 한계 때문이다. 이처럼 미래의 수익가치를 협상의 안건으로 고려해야 할 경우, 미래에 벌어질 상황에 대해 내기 조건을 두어 조건부 합의를 유도하라. 협상테이블에서 미래는 보지 못하고 당장의 현재 가치로만 거래하는 것은 어리석은 일이다.

창의적인 상황 협상 방법은 다음과 같은 세 가지 경우에 활용될 수 있다.

- 당신과 상대가 갖고 있는 기대치가 다를 때
- 양측이 갖고 있는 정보가 비대칭 상황일 때
- 상대를 신뢰할 수 없을 때

한편, 비즈니스 세계에서도 이러한 협상 방법은 유용하게 활용될 수 있다. 원가절감 방안을 고민 중인 기업과 컨설팅사의 계약 사례를 살펴보자.

A컨설팅사: 저희가 제시한 방안을 지속적으로 이행하신다면, 2년 후 연간 300억원의 원가절감 효과를 거두실 수 있을 것입니다. 그에 대한 컨설팅 수수료는 10억원입니다.

B기업: 2년 후에 과연 그 정도의 원가절감을 이룰 수만 있다면 수수료는 얼마든지 지불할 수 있습니다. 하지만 원가절감 정도를 단정할 수 없는 상황에서 10억원 수수료는 과하다는 생각이 듭니다.

A컨설팅사: 예, 어떤 말씀이신지 충분히 이해합니다. 그렇다면 초기 계약금 4억원을 지급하시고, 2년 후 원가절감 목표 달성 시에 8억원을 추가 지급하시는 것으로 계약서를 작성하면 어떨까요? 저희는 S기업하고도 이러한 방식으로 계약을 진행한 후 목표가 달성되어 서로 만족하는 결과를 거두었습니다.

B기업: 아, 네. 원가절감 목표만 달성될 수 있다면, 나쁘지 않은 계약 조건이네요.

미래의 수익가치를 장담할 수 없어 수수료 지급을 망설이는 기업 측에 컨설팅사는 '창의적 상황 협상' 방법을 활용하여 새로운 제안을 하였다. 초기 계약금은 4억원으로 지급하되 2년 후 목표 달성 시 8억원을 추가 지급하는 것으로 조건을 내걸어 당초 제시한 10억원에다 2억원을 추가한 것이다. 그 결과 기업 측에서 보면 현재의 부담은 줄었고, 2년 후 300억원의 원가절감 효과를 거둘 수만 있다면 수수료 12억원도 큰 금액은 아니다. 컨설팅사의 경우 비록 계약금은 낮아도 추가 수수료라는 동기 부여 요소가 생기게 되었고, 목표 달성 시 지급받는 컨설팅 수수료 총액이 늘었으니 만족스러운 협상을 이룬 것이다.

☑ 협상에 임하는 사람들이 가져야 할 중요한 자세 중 하나는 유연하게 사고하는 것이다. 여러 가지 사안이 얽혀 있는 협상에서 한 가지 해결책이나 거래를 고집하면 출구를 찾기 힘들다. 창의적 대안은 그래서 필요하다.

☑ 창의적 대안이란, 당신과 상대의 욕구를 충족시키는 제3의 옵션이다. 협상을 타결시킬 수 있는 몇 가지 '예비적인 해결책'이라고 할 수 있다. '예비적'이라는 말 속에는 당신과 상대가 타결책으로 채택할 가능성이 있다는 의미가 담겨 있다. 상대를 만나서 얘기해보고 서로 원하는 것을 밝히다 보면 생각치 않았던 새로운 방안을 도출해낼 수 있기 때문이다.

☑ 수많은 협상 사례를 조사하고 분석해보면, 우리가 지닌 고정관념을 깼을 때 창의적인 대안을 찾을 수 있다는 사실을 알 수 있다. 창의적인 대안을 도출했던 협상에는 몇 가지 패턴이 존재한다.

☑ 창의적인 대안을 도출한 협상의 첫 번째 패턴은 '협상의 안건 키우기'이다. 비즈니스 협상에서 우선시되는 안건은 가격이다. 그러나 가격 외에도 납기준수, 품질, 대금지불조건, 브랜드 파워, 신용도 등 여러 안건들이 존재한다. 상대 회사에서 진정으로 필요로 하는 니즈(욕구)를 파악하고 그 니즈를 충족시켜 줄 수 있어야 협상에 성공할 수 있다. 수많은 안건들을 협상테이블에 올려라. 빠짐없이 올려놓고 협상하라.

☑ 협상의 안건을 넓히기 위해서는 상대방이 진정으로 원하는 것(욕구)이 무엇인가를 생각할 줄 아는 넓은 시야를 가져야 한다.

☑ 창의적인 대안을 도출한 협상의 두 번째 패턴은 '협상의 안건을 잘게 쪼개는 것'이다. 하나의 협상 이슈를 깊이 파고 들어가서 잘게 나누다 보면 창의적인 대안을 도출할 수 있다.

☑ 창의적인 대안을 도출한 협상의 세 번째 패턴은 '협상의 안건을 교환하는 것'
이다. 협상에서 상대와 내가 생각하는 안건의 중요도(우선순위)는 서로 다르
다. 그러므로 한 가지 안건에 집착하지 말고 다양한 안건을 협상테이블에 올
려놓은 후 상대적 중요성에 따라 교환하라.

☑ 창의적인 대안을 도출한 협상의 네 번째 패턴은 '협상 안건에 내기를 거는 것'
이다. 미래의 수익가치를 협상의 안건으로 고려해야 할 경우 서로 간에 의견
합의를 보기 어렵다. 이때 협상의 안건에 내기 조건을 두어 조건부 합의를 유
도할 수 있다.

Chapter 4

논리와 근거로
상대의 인식을 바꿔라_Rule 3

▶ 객관적 기준을 제시하라

일반적으로 사람들은 아무것도 없는 상태에서는 특정 정보나 조건에 반응하지도, 그것에 대해 평가하지도 않는다. 사람들이 뭔가에 대해 평가하게 되는 것은 나름대로 마음속에 일정한 기준점을 가지고 있기 때문이다. 협상에서 당신이 어떤 조건을 제안하거나 가격을 제시했다고 치자. 상대는 그 제안을 듣고 마음속에 있는 기준점을 바탕으로 평가를 한다. 납품업체가 제시한 가격이 '비싸다', 노조가 요구하는 임단협 조건이 '과하다', 또는 '적절하다'라고 자신이 지닌 기준점에 빗대어 말한다. 그런데 만약 상대의 마음속에 잘못된 기준점이 자리 잡고 있다면 어떻게 될까? 당신이 아무리 얘기해도 소용없기 마련이다. 뛰어난 정보나 자료, 유려한 언변으로도 상대를 설득하기 어렵다.

협상을 효과적으로 이끌기 위해서는 정보를 제시하기보다는 적절한 기준점, 즉 '객관적 기준'을 제시해야 한다. 객관적 기준이란 어느 한쪽에 치우치지 않고 객관적인 입장에서 봤을 때에도 공정하다고 판단되는 기준으로, 예를 들면 시장가격이나 관례, 전례, 판례, 제3자 판단 등이 이에 속한다. '시장가격'이란 현재 시장에서 매매되고 있는 일반적 가격으로 주식가격, 아파트 시세 등을 말한다. '관례'란 예전부터 관습으로 굳어진 것, 세월의 지혜로 축적된 결과를 말한다. '전례'는 기존에 있었던 유사한 사례라고 할 수 있다. '제3자 판단'이란 해당 사안에 결정을 부탁할 수 있는 전문가 또는 기관, 단체를 말한다. 양측의 주장이 팽팽할 때 제3자인 법원의 판결에 따르는 이유가 바로 여기에 해당한다. 어떤 기준을 택할 것인가는 협상 안건에 따라 달라야 하지만, 객관적 기준은 공정해야 하며 상대가 유리하다고 느껴야 하고 나 자신에게도 유리해야 한다.

가격 조건이 가장 큰 이슈가 되는 비즈니스 협상의 경우를 생각해보자. 물건을 사는 쪽에서는 가능한 한 낮은 가격에 사려 하고, 반대로 파는 쪽에서는 되도록 비싸게 팔려고 한다. 이때 많은 이들이 대체로 중간쯤에서 타협하곤 한다. 속칭 '반퉁'이라고 표현하는 경우로 서로 반반씩 양보하여 합의를 보는 것이다. 그런데 엄밀히 말하면 이것은 협상이 아니다. 흥정이다. 시장에서 콩나물 사는 것과 다를 바 없다.

이런 식의 흥정은 서로에게 만족스러운 결과를 가져다주지 못한다. 그 이유는 첫째, 감정 싸움으로 번질 우려가 있기 때문이다. 당신은 절반 정도 양보했는데 상대가 절반 양보에 동의해주지 않는다면 공평하지 않다는 생각에 화가 날 수 있다. 둘째는 협상 결과에 대해 납득하기 어렵기 때문이다. 당신은 정말 받아야 할 가격을 불렀지만 상대는 부풀리기를 했다면, 그런 상황에서 서로 반반씩 양보하는 거래에 납득할 수 있을까? 홍정은 단순한 거래에서는 통할지 모르나 좀 더 고차원적인 협상에서는 통하지 않는다.

이러한 경우에 가격을 놓고 다투지 않는 현명한 방법은 양측이 인정할 만한 객관적인 기준을 제시한 후 그것을 적용하여 협상하는 것이다. 객관적인 기준에 서로가 합의한다면 협상은 거의 타결된 것이나 다름없다. 그런 다음 협상 안건에 따라 디스카운트와 프리미엄 등으로 미세 조정을 하면 된다.

▶▶ 도자기 매매 협상

필자가 강의를 하고 있는 IGM 세계경영연구원 협상 워크숍 시간에 자주 애용하는 모의협상이 있다. 두 사람이 한 조가 되어 롤플레이를 하는 것인데, 내용은 다음과 같다.

도자기 수집가는 우연히 들른 고급 한정식 레스토랑에서 정말 아름다운 도자기를 봤다. 한눈에 봐도 빨려 들어갈 것 같은 깊은 청색을 띤 그 도자기를 꼭 갖고 싶었다. 마침 도자기 주인도 가격만 맞으면 팔 생각이 있다고 했다. 수집가가 생각할 때 도자기 가격은 1,000만원 정도면 적당한 것 같았다. 자신이 운영하고 있는 인터넷 까페 '도사모'에 도자기 사진을 올리고 가격을 물었더니 그 정도면 사겠다는 얘기가 많았다.

한편 고급 한정식 레스토랑의 사장인 도자기 주인은 기러기 아빠인데 가족과 함께 하기 위해 아예 이민을 가기로 결심했다. 레스토랑을 정리하려고 보니 인테리어용으로 두었던 도자기도 처분하고 싶었다. 굳이 외국까지 가져가기도 번거롭고 도자기를 팔아서 받게 될 현금을 당분간 요긴하게 쓸 수 있을 것 같았다. 마침 식당의 한 손님이 도자기를 사고 싶다고 하여 인사동에서 30년간 골동품점을 운영했던 삼촌에게 이 도자기의 가격을 물었더니 3,000만원은 충분히 받을 수 있다고 말했다.

이 모의협상을 진행해보면 타결을 이루는 조가 거의 없다. 그 이유는 너무도 당연하다. 서로가 가지고 있는 정보가 다르기 때문이다. 정보가 다르니까 각자의 머릿속 기준이 다른 것이다. 도자기 수집가 입장에서 3,000만원은 너무 비싼 반면, 도자기 주인에게 1,000만원은 너무 헐값이다. 수집가는 도자기 주인이 바가지를 씌운다고 생각하고, 도자기 주인은 수집가가 자신의 귀한 물건을 폄하한다고 생각한다. 서로가 내세우는 기준이 다르기 때문에 합의를 이루기 어렵다.

그렇다면 이런 상황에서 서로가 납득할 만한 객관적인 기준은 무엇일까? 아마도 도자기감정협회나 한국고미술협회와 같은 권위 있는 기관의 감정보증서가 있다면, 매우 훌륭한 객관적인 기준이 될 것이다. 또는 〈TV쇼 진품명품〉에 의뢰하여 그 결과를 기준으로 거래하는 방법도 있다. 양측이 합의하는 제3자가 제시하는 기준가격을 놓고 도자기 보존 상태에 따라 프리미엄과 디스카운트를 하여 최종 거래가격을 정한다면 큰 불만 없이 결과에 승복하게 될 것이다.

▶▶ SK이노베이션의 임금협상

국내 최대 정유·화학 기업인 SK이노베이션은 임금 및 단체협약(임단협) 과정에서 매년 진통을 겪었다. 한 해도 그냥 지나가는 일이 없었다. 2016년에는 노사 간 입장 차이를 좁히지 못해 중앙노동위원회 중재까지 받았다. 경영진도 노조도 연례 행사처럼 진행되는 임단협에 골치를 앓았다. 업종 특성상 국제유가 등 외부변수에 영향을 많이 받기 때문에 기본급을 매년 인상해주기 어려웠다. 그럼에도 불구하고 경영실적과 무관하게 임금인상률을 정하다 보니 불필요한 노사갈등이 발생했던 것이다.

2017년 들어 SK이노베이션은 업계의 소모적인 임금협상 문화를 바꿀 수 있는 계기를 마련했다. 매년 임금인상률을 '소비자물가상승률'에 연동시킴으로써 노사 간 임금협상 자체가 필요 없게 된 것이다. 전년도 물가지수를 다음 해 임금상승률에 연동하기로 파격적인 합의를 이루었다. 기본급을 소비자물가상승률 수준에 고정시키는 대신, 경영성과에 따라 받는 성과급 비중을 높여 급변하는 경영환경에 효과적으로 대응하기 위한 결단이었다.

이 사례에 적용된 기준 소비자물가상승률은 통계청에서 매년 발표하는 수치로 어느 누구에게도 편파적이지 않고 객관적이다. 협상에서 양측은 서로에게 유리한 기준과 논리로 상대를 설득하려고 한다. 이때 양측에 공히 객관적인 기준을 제시하게 되면 이를 거부하기가 어렵다. 객관적인 기준을 인정하되 서로가 처해 있는 특수한 상황을 고려하여 미세 조정을 한다면 합의점을 찾을 수 있다. SK이노베이션의 경우 미세 조정은 경영성과에 따라 받는 성과급 비중이었다.

협상에서 서로 간에 합의점을 찾지 못할 때는 적절한 기준점,
즉 객관적 기준을 제시함으로써 상대를 설득할 수 있다.
객관적 기준에는 시장가격, 관례, 전례, 판례, 제3자 판단 등이 속한다.

▶▶ 풍산금속의 기술도입 협상

독일의 화공업체 B사는 전 세계적으로 아주 뛰어난 탄약추진 기술을 갖고 있었다. 국내 방산업체 풍산금속은 국방력 현대화의 일환으로 이 기술의 도입을 추진했다. 두 회사가 만난 협상장의 분위기는 화기애애했다. 계약금액, 기술제공범위 등 모든 면에서 순조롭게 협상이 진행되었다. 그런데 세밀한 내용까지 논의하면서 두 가지 현안이 문제로 떠올랐다.

첫 번째는 기술도입 후 생산과정에서 파생되는 기술을 누구 소유로 볼 것이냐는 쟁점이었다. 독일 B사는 당연히 원천기술에서 파생된 것이니 자사 소유라고 주장했고, 풍산금속은 기술료를 이미 지불했으니 풍산금속 소유라고 주장했다. 둘 다 일리가 있는 얘기였다. 두 번째 쟁점은 지역 제한이었다. 독일 B사는 기술적용 범위는 한국 내로만 국한하며, 해외수출 시에는 패널티를 부과하는 조항을 계약서에 포함하자고 주장했다. 기술이전 후 한국업체가 제3국에 수출하는 것을 제한하려는 의도였다. 하지만 방산제품의 해외수출 비중이 적지 않은 풍산으로서는 이 제안을 수락하기 어려웠다.

협상은 난항에 부딪쳤다. 두 회사의 대표들까지 나섰지만 해결되지 않았다. 결국 양 사는 이 쟁점이 기술이전에 따른 법적 이슈라고 판단하고 서로가 인정하는 국제 특허전문 변호사에게 문제를 의뢰했다. 이처럼 서로의 주장이 팽팽히 맞설 경우에는 객관적으로 전문성 있는 제3자의 판단을 기준으로 삼는 것도 현명한 방법이다. 국제 특허전문 변호사가 찾아낸 해결책은 바로 '거울 조항(mirror clause)'이었다. 즉 마치 거울을 보는 것처럼 '나에게 적용되는 규칙은 상대에게도 적용된다는 조항'을 계약조건에 포함하기로 한 것이다. 그 결과 다음과 같이 협상안이 타결되었다.

- 파생기술의 소유권: 독일에서 파생된 기술은 독일 B사가 소유하되 한국 풍산금속에서 파생된 기술은 풍산 소유로 한다. 단, 파생된 기술은 추가 비용 없이 두 회사가 자유롭게 사용하기로 한다.
- 지역 제한: 한국이 제3국에 수출하면 패널티를 부과하듯이 독일이 한국의 제3의 기업에 수출했을 때에도 동일한 패널티를 부과한다.

전문성을 지닌 제3자가 제시한 거울 조항 덕분에 두 회사는 서로 만족하는 협상을 이끌어냈다. '나에게 적용되는 조건이라면 상대에게도 동일하게 적용된다는 조항'은 기울어진 운동장을 평평하게 만드는 협상 도구라고 할 수 있다.

▶ 인식의 오류를 주의하라

협상에서 서로가 동의할 수 있는 원칙을 세우거나 객관적인 기준을 들이대면, 협상 상대자가 원래 가지고 있던 주장이나 인식에 변화가 일어난다. 협상을 '인식의 싸움'이라고 하는 이유가 여기에 있다. 객관적인 기준과 합리적인 논거가 당신의 말에 힘을 실어주고 설득력을 키운다. 노련한 협상가는 협상 전에 이러한 무기들을 찾아서 자신의 가방 속에 장착한다. 상대가 주관적으로 치우쳐 얘기할 때 바로잡아주기 위해서다.

사람은 누구나 선입견을 지니고 있다. 이는 개인적인 경험에 의해서도 생기지만 자신의 요구나 바람, 동기에 의해서도 생겨난다. 자신의 이익을 위해서 몰입하다 보면 상대에 대해 잘못된 인식을 하게 될 수 있다. 이런 인식은 대개 의사소통 과정에서 편견과 오류를 초래한다. 따라서 우리가 어떤 '인식의 오류'를 범할 수 있는지 알게 되면 협상을 그르칠 수 있는 요인을 줄일 수 있다.

인식 과정에서 가장 많이 나타나는 현상은 바로 고정관념이다. 개인적 경험이나 사회적 통념에서 굳어진 생각으로 한번 형성되면 잘 변하지 않는다. 예를 들어 '나이 많은 사람은 고지식하고 고집이 세다'는 얘기가 있다. 일반적으로 나이가 들면 익숙한 것을 고집하는 경향이 있기 때문에 생겨난 말일 뿐인데, 마치 나이 든 모든 사람이 그런 것처럼 일반화해 쓰일 때가 많다.

두 번째는 후광효과이다. 고정관념과 비슷한 현상인데, 인상이나 외모 등 하나의 특성을 전체의 특성으로 인식하는 오류다. 예를 들어 잘 웃는 사람이라고 해서 좋은 사람이라고 볼 수는 없다. 그런데도 활짝 웃는 사람은 얼굴을 찡그리는 사람보다 선한 사람이라고 생각하는 경향이 있다. 또 유명인사나 사회적 지위가 높은 사람에게도 후광효과가 생긴다. 유명인사의 말 한 마디는 같은 말이라도 일반인들의 말과는 다르게 인식된다.

세 번째는 선별적 인식이다. 이는 상대가 전달하는 정보 중에서 어떤 생각을 뒷받침해주는 정보만을 골라 듣거나 걸러낼 때 발생한다. 상대가 과장이 심하다는 인식이 박히면 얘기를 들을 때 디스카운트하여 듣는 것이 좋은 예다. 이 같은 편견은 상대의 행동을 인식하고 해석하는 데 적잖은 영향을 준다.

네 번째는 주관의 객관화다. 정직한 사람은 다른 사람들도 자신처럼 정직할 것이라 믿고, 사기꾼들은 남을 더 의심하는 경향이 있는 것과 같다. 자신의 성격이나 감정처럼 다른 사람들도 그럴 것이라고 생각하는 것이다.

요컨대 이러한 인식의 오류를 받아들이고 협상에 임한다면 좋은 결과를 도출할 수 있다. 상대가 인식의 오류에 빠져 있다면, 객관화된 사실과 합리적 논거로 바로잡아주어라. 자신의 개인적인 판단이나 생각보다 사실에 기반한 얘기가 상대의 인식을 바꿀 수 있다.

▶▶ 코스트코 납품단가 협상

국내산 돼지고기 브랜드 하이포크 영업담당자는 코스트코 납품단가를 정상화해야겠다고 단단히 벼르고 있었다. 사실 코스트코 납품 물량이 다른 유통업체보다 몇 배 많아 그동안 단가를 약간 낮게 공급했다. 그런데 지난 2년간 돼지고기 제조원가가 계속 올라 이제 그 단가로는 적자를 면치 못하게 됐기 때문이다. 그동안 구매책임자와 몇 번 만나 단가 인상을 종용했지만 번번이 무산됐다. 하이포크 영업담당자는 더 이상 미룰 수 없어 코스트코 구매담당 임원과의 미팅을 요청하고 협상에 들어갔다. 그동안 공개하지 않았던 회사 내부의 생산 및 제조 원가를 요소별로 구체적인 숫자까지 보여주며 말했다.

하이포크: 지난 2년간 시계열 자료를 보면, 코스트코에서의 하이포크 매출액은 지속적으로 증가하고 있습니다. 돼지고기 제조원가는 이렇게 구성되는데, 부산물 단가도 떨어져서 우리 영업이익률이 1.5% 적자를 봤습니다.

코스트코: 아, 네. 그렇군요. 얘기는 들어서 알고 있지만 이 정도인 줄은 몰랐습니다.

하이포크: 저희는 사료 공급부터 사육에서 도축에 이르기까지 직접 관리하여 코스트코에 1등급 제품만 공급합니다. 또한 당사는 코스트코와의 파트너십을 위해 신제품 개발과 공장 운영 등에 많은 개선을 하고 있습니다. 이런 요소들이 다 원가에 영향을 주는 겁니다.

코스트코: 그 점은 저희도 인정합니다.

하이포크: 저희가 진정성 있는 귀사의 파트너로서 책무를 다해야 서로 장기적인 관계를 유지할 수 있지 않겠습니까? 현재 공급단가로는 곧 신규 오픈할 의정부점과 천안점에 제품을 공급하기 어렵습니다.

하이포크는 원가의 구성요소를 소상하게 밝히고 이렇게 계속 적자가 난다면 지속적인 파트너십을 유지하기 어렵지 않겠느냐고 강조했다. 코스트코는 상황을 금방 이해했고 곧 개점할 의정부점과 천안점의 원활한 공급을 위해 돼지고기 단가 정상화에 합의하였다.

영업협상에서 구매담당자를 설득하여 납품단가를 인상하는 일은 언제나 고통스럽다. 구매담당자는 단가 인상에 대해 언제나 거부감을 가지고 있다. 구매담당자 입장에서 영업담당자의 단가 인상 요구는 항상 듣는 얘기이기 때문에 한 귀로 듣고 한 귀로 흘리려고 한다. 그러나 영업담당자가 납품하는 회사 내부의 상세한 원가내역까지 공개해주고 이해를 구한다면 얘기는 달라질 수 있다. 협력회사의 고통은 곧 자사의 어려움으로 직결된다는 점을 인지하고, 인식이 바뀌는 과정이 생기는 것이다.

협상에서 상대를 설득하고 싶다면 객관적인 데이터와 사실을 보여주어라. 객관적인 사실이나 데이터는 상대가 부정하기 어렵고, 어느 한쪽의 생각이나 주장이 아니기 때문에 덜 공격적으로 받아들일 수 있다는 장점도 있다. 이러한 협상 방법을 사실 기반 협상(Fact Base Negotiation, FCN)이라고 말한다.

▶▶ 해저 파이프라인 부실공사 협상

중동에 케미컬 플랜트 프로젝트를 진행하던 국내 A건설회사는 난감한 상황에 빠졌다. 하도급업체가 시공한 해저 파이프라인에 하자가 발생한 것이다. 케미컬 플랜트 특성상 해저에서 뽑아 올린 냉각수가 필수적이다. 그런데 육지에 있는 파이프라인과 연결하는 과정에서 살펴보니 해저 파이프라인에 문제가 발견됐다. 재시공이 불가피하여 책임 소재를 가려야 하나 시공사 측에서는 오리발을 내밀었다. 하도급업체는 자신들의 잘못이 아니라 조류와 파랑 때문에 발생한 천재지변이라고 주장했다.

A건설회사는 천재지변이 아니라 시공에 문제가 있었다고 봤으나, 심증만 있고 물증이 없어 시공사 탓이라고 주장하기 어려운 상황이었다. 난감했던 A건설회사는 시공사의 책임 소재를 가릴 근거를 찾기 시작했다. 국토해양부에서 발행한 〈항만 및 어항 설계 기준〉 중 파이프라인 부분을 살펴보다가 해당 상황에 딱 맞는 문구를 찾아냈다.

"파이프에 가해지는 외력을 산정할 때, 해저 면에 묻힌 파이프라인에 대해서는 외력을 적용하지 않는다."

강한 바람이나 높은 파도 같은 천재지변이 있어도 파이프라인에는 영향을 주지 않는다는 해석이 적혀 있던 것이다. A건설회사는 국토해양부 기준을 하도급업체에 보여주었다. 하도급업체는 업계의 전례를 바탕으로 작성된 객관적 기준을 받아들이고 자신들의 책임을 인정했다.

▶ 상대의 기준을 활용하라

협상에서 서로가 내세우는 기준이 다를 경우 상대의 기준을 활용하여 설득을 이끌어내는 것도 현명한 방법이다.

미국의 한 사립 고등학교 미식축구팀 감독은 매우 난처한 입장에 빠졌다. 미식축구팀에 지원한 학생들 중에 '빅 마이크'라는 아이 때문이었다. 빅 마이크는 엄청 크고 운동신경이 뛰어나며 자기 희생정신도 매우 돋보이는 학생이었다. 감독은 훌륭한 선수가 될 수 있는 자질을 지닌 빅을 미식축구팀에 입학시키길 원했다. 그런데 문제는 다른 선생님들을 설득하기가 만만치 않다는 데 있었다. 빅 마이크는 마약중독자인 어머니와 불우한 환경에서 자랐고 현재 거처도 불분명한 상황이었다. 그 사실을 안 동료 선생님들은 모두 입학을 반대했다. 성적도 저조한 편이라 무작정 입학을 승인해달라고 밀어붙일 수 없는 노릇이었다.

좋은 방법이 없을까 고민하던 감독의 눈에 교무실 벽에 걸린 액자가 들어왔다. 그의 머릿속에 선생님들을 설득할 묘수가 떠올랐다.

"운동 때문이면 빅의 입학을 거부해도 좋습니다. 하지만 벽에 걸린 저 액자가 다만 장식용이 아니라면 빅을 입학시켜야 합니다."

액자에는 '크리스천 답게'라는 표어가 붙어 있었다. 감독의 말은 학생을 가려 받는 것이 학교가 추구하는 크리스천의 신념에 반하는 행동이 아니냐는 추궁이었다. 그러자 그 자리에 있던 선생님들 모두 입을 떼지 못했다. 액자 속 표어를 '객관적인 심판'으로 활용한 감독의 지혜 덕분에 얼마 후 빅은 무사히 학교에 입학할 수 있었다.

▶▶ 마하트마 간디와 마틴 루터 킹의 기준

인도의 민족해방 운동가 마하트마 간디와 미국의 흑인해방 운동가 마틴 루터 킹, 이 두 사람에게는 공통점이 있다. 인종차별로 억압받던 사람들에게 자유를 선물했다는 점이다. 그리고 이와 함께 주목해야 할 부분이 또 하나 있다. 두 사람 모두 강요하지 않고 상대가 '스스로' 움직이도록 만든 협상의 대가라는 점이다.

간디는 인도가 영국 치하에 있던 시절 민족해방을 위해 단 한번도 큰 소리를 낸 적이 없다고 한다. 대신 그는 인도를 지배하고 있던 영국인들에게 항상 이렇게 물었다.

"당신들은 문명화된 영국인이고, 정말 그런 것 같습니다. 그런데 당신들은 인종이 다르다는 이유로 무고한 인도 국민들을 죽이고 차별하고 있습니다. 어찌된 일입니까?"

킹 목사의 접근법도 비슷했다.

"미국 헌법은 모든 사람이 동등하게 대우받기 위해 태어났다고 밝히고 있습니다. 하지만 제가 보고 경험한 현실은 그렇지 않습니다. 그래서 저는 너무 혼란스럽습니다."

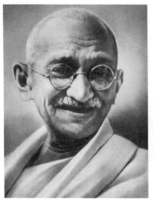

인도의 민족해방 운동가 마하트마 간디와 미국 흑인해방운동가 마틴 루터 킹은 자신들의 주장을 강요하지 않고 상대가 스스로 움직이도록 만드는 협상의 대가였다.

간디와 킹 목사는 자신들의 의견을 일방적으로 주장하지 않았다. 다만 상대가 예전에 했던 말이나 행동이 지금의 그것과는 다르다는 점을 알려주었다. 상대방이 중요하게 생각하는 점을 파악하고 이를 파고들어 자신의 협상력을 높이는 것, 이것이 바로 '상대가 만든 기준'을 활용하는 협상법이다.

이 협상법이 영향력을 지니는 이유는 상대가 스스로 정한 기준이나 전에 했던 말과 행동을 기준으로 제시하기 때문이다. 개인이든 조직이든 자신이 한 약속을 지키지 않는 사람(조직)이라는 낙인에서 자유로울 수 없다. 만약 상대가 개인이 아니라 기업이라면 그곳의 홍보물이나 가치관, 사명, 슬로건 등을 활용하면 효과적이다.

이 협상법의 요점은 상대방이 다른 사람에게 적용할 원칙을 스스로에게도 적용하도록 만드는 것이다. 그리고 상대방 주장의 모순을 우회적으로 표현함으로써 상대방 스스로 오류를 인식하고 바로

잡도록 유도하는 것이다. 이 방법을 활용할 때 가장 주의해야 할 점은 당신의 감정을 다스리는 것이다. 이율배반적인 모습을 인정하라며 상대를 밀어붙이면 오히려 역효과가 날 수 있다. 상대방의 모순이 클수록, 기준과의 간극이 클수록 말투는 더욱 부드러워야 한다. 상대방과의 관계를 유지하면서 변화를 이끌어낼 수 있는 세밀한 접근이 필요하다.

☑ 협상에서 서로 간에 합의점을 찾지 못할 때는 '객관적 기준'을 활용하라. 객관적 기준이란 어느 한쪽에 치우치지 않은 객관적 입장에서 보았을 때 공정하다고 판단되는 기준으로 시장가격이나 관례, 전례, 판례, 제3자 판단 등이 이에 속한다.

☑ 협상테이블에서 양측은 각자에게 유리한 기준과 논리로 상대를 설득하려고 한다. 서로가 지닌 기준점이 다를 때는 객관적인 기준에 근거해 기준점을 수정해야 한다. 협상 대상자 양측이 인정하는 객관적인 기준에 따라 합의점을 찾되 서로가 처해 있는 특수한 상황을 고려하여 미세 조정을 하면 협상은 쉬워진다.

☑ 객관적 기준과 합리적인 논거가 당신의 말에 힘을 실어주고 설득력을 키운다. 노련한 협상가는 협상 전에 이러한 무기들을 찾아서 자신의 가방 속에 장착한다. 상대가 주관적으로 치우쳐 얘기할 때 바로잡아주기 위해서다.

☑ 자신의 이익을 위해서 몰입하다 보면 상대에 대해 잘못된 인식을 할 수 있다. 이러한 인식은 의사소통 과정에서 편견과 오류를 초래한다. 따라서 우리가 어떤 '인식의 오류'를 범할 수 있는지 사전에 인지하게 되면, 협상을 그르칠 수 있는 요인을 줄일 수 있다.

☑ 협상 당사자들은 자신에게 유리한 기준을 제시하기 마련이다. 서로가 내세우는 기준이 다를 경우 상대방이 중요하게 생각하는 규칙을 파악하고 이를 파고들어 자신의 협상력을 높일 수 있다. 이러한 전략의 요점은 상대방이 다른 사람에게 적용할 원칙을 스스로에게도 적용하도록 만드는 것이다. 그리고 상대방 주장의 모순을 우회적으로 표현함으로써 그 주장이 잘못된 것임을 강조하는 것이다.

Chapter 5

협상력을 좌우하는 무기,
배트나를 활용하라_Rule 4

▶ 협상의 대안, 배트나

협상에서 상대에게 휘둘리지 않을 수 있는 좋은 방법은 당신이 협상 '대안'을 가지는 것이다. 대안이란 말 그대로 협상에서 합의점을 찾을 수 없을 때 다른 사람이나 다른 조건으로 갈아탈 수 있는 옵션을 말한다. 하버드대학교 협상스쿨의 로져 피셔 교수와 윌리엄 유리 교수는 이 대안을 배트나(Best Alternative to a Negotiated Agreement, BATNA)라고 표현하였다. 즉 협상이 결렬될 경우 내가 택할 수 있는 '최선의 대안'이라는 뜻이다. 대안이 없다면 상대방의 요구에 끌려갈 수밖에 없기 때문에 협상에서 배트나를 확보하는 일만큼 중요한 것은 없다. 상대와의 협상에서 주도권을 가지고 싶은가? 그렇다면 배트나를 최대한 확보하고 이를 적극 활용하라. 협상력의 차이는 배트나로부터 출발한다.

▶▶ 폐암 신약 '타그리소' 약가 협상

2017년 11월, 국민건강보험공단(이하 공단)과 다국적 제약기업 아스트라제네카(AstraZeneca)가 수개월째 끌어온 폐암 신약 타그리소의 약가 협상이 극적으로 타결되었다. 국내 환자단체연합회는 이날 "말기 비소세포폐암 환자의 생명을 살리는 타결 결과를 환영한다"는 논평을 냈다. 건강보험에 등재되면 말기 폐암환자들이 약값의 5%만 지불하면 되기 때문이다.

글로벌 제약사는 신약 개발을 위해 엄청난 연구개발비를 투자하기 때문에 신약의 시판 가격이 그만큼 높을 수밖에 없다. 타그리소의 경우도 환자 개인이 부담할 경우 한 달 약값만 1,000만원이 넘을 것으로 예측되었다. 국민의 건강을 최우선으로 하는 공단은 하루라도 빨리 보험 등재를 하고 싶었지만 글로벌 제약사를 상대로 협상의 주도권을 잡기가 만만치 않았다. 협상은 공단의 '60일 협상 원칙'을 두 번이나 넘길 정도로 실마리를 풀기 어려웠다.

그러다가 국내 개발 신약 소식이 전해지면서 공단은 돌파구를 찾았다. 협상 결렬 시 택할 수 있는 제3의 카드, 즉 배트나를 확보하게 된 것이다. 국내 제약사인 한미약품에서 개발 중이던 경쟁약 올리타는 타그리소와 약효가 완벽하게 동일하지는 않지만 대체 약품으로 인정받았고, 약값도 한 달에 140만원 정도로 상대적으로 매우 저렴했다. 공단은 아스트라제네카와의 협상에 한미약품의 올리타를 배트나로 적극 활용하였다. 그 결과 대폭 인하된 조건으로 약가 협상을 타결시킬 수 있었다. 이것이 배트나의 힘이다.

이 협상과 관련한 후일담을 덧붙이자면, 한미약품은 2018년

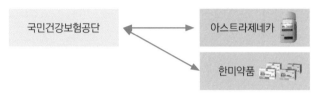

4월 올리타의 임상 3상 시험을 중단하기로 최종 결정했다. 경쟁약이 건강보험 급여를 받게 되면 자사 약품의 가치 하락이 확실하다는 판단에 따른 선택이었다. 한미약품의 올리타는 엄청난 연구개발 비용을 날린 채 사라졌지만, 국내 폐암 환자를 위해 글로벌 제약사의 약가 인하에 결정적인 공헌을 한 점은 오래도록 기억될 듯싶다.

▶▶ LTE 통신망 장비 구매협상

국내 통신 3사 중 후발주자로서의 약점을 지닌 채 출범한 LG유플러스는 경쟁사보다 먼저 LTE망을 구축해 '국내 최초 LTE 전국 서비스' 타이틀을 내걸고자 했다. 빠른 속도로 진화하는 통신업계에서 살아남으려면 먼저 뛰어들어야 하기 때문이다. 회사는 4세대 이동통신 LTE를 구축하는 장비공급업체로 LG에릭슨, 삼성전자, 노키아지멘스를 최종 선정하고 평가 작업에 착수했다. 이 분야는 삼성전자와 에릭슨이 전통적인 강자였는데 문제는 금액이었다. 장비가격이 상당히 높았다.

LG유플러스는 일단 설치예정지역을 수도권과 호남권, 영남권으로 3등분했다. 삼성전자와 LG에릭슨을 불러들여 서로 경쟁을 붙이고 가격 협상을 시도했다. 두 회사가 최초 제안금액에서 10~15%까지 할인해주겠다고 했다. 그러나 여전히 내부 예산범위를 웃도는 수준이었기 때문에 가격인하를 요구했는데, 두 곳 모두 더 이상 물러서지 않았다.

다른 좋은 방법이 없을까 고민하던 끝에 LG유플러스는 노키아를 불러들였다. 당시 노키아는 통신장비 시장에서 가장 약자였다. 노키아에 전후 사정을 설명하고 장비 납품금액을 반값에 공급해줄 수 있는지 역제안을 했다. 노키아는 그 금액이면 손해를 본다며 펄쩍 뛰었다. 하지만 LG유플러스는 그 자리에서 물러서지 않고 협상의 파이를 키워 상대가 장기적으로 얻을 수 있는 혜택을 볼 수 있도록 제시했다.

LG유플러스: 한국은 LTE 테스트베드(test bed)*입니다. 만약 이번에 LTE 장비를 깔게 되면 전 세계 최초가 되는 겁니다. 그렇게 되면 시장 선점 효과로 글로벌 시장에 엄청난 파장이 생길 거구요. 한국은 땅덩어리가 작아서 미국이나 유럽에 비하면 설치 금액이 1%도 안 됩니다. 그런데 그 1% 때문에 한국 시장을 놓친다면 노키아는 99%를 잃게 되는 것입니다.

노키아: (한동안 고민하다가) 음, 알겠습니다. 그렇다면 이번 계약에 한하여 제조원가를 생각하지 않겠습니다. 귀사 요구대로 반값에 공급하겠습니다.

★ 새로운 기술이나 서비스의 성능(효과)을 테스트할 수 있는 환경, 시험대라는 의미로 쓰인다.

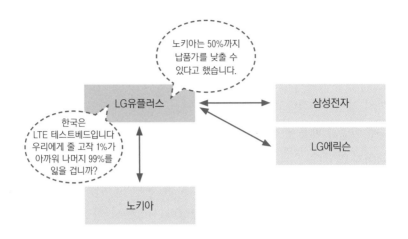

　　LG유플러스의 설득이 제대로 먹힌 것이다. 여기에 그치지 않고
이번에는 삼성전자와 LG에릭슨을 불렀다. 노키아로부터 받은 제안
을 슬쩍 흘리면서 금액을 그 수준까지 낮출 것을 제의했다. 두 회사
는 이미 동종업계 참고가격(reference price)이 생겨버린 상황을 무
시하기 힘들었고 결국 추가로 금액을 낮추었다. 최종적으로 LG유플
러스는 세 회사와 모두 계약을 체결한 후 전국을 3개 지역으로 나
누어 세계 최초로 LTE망을 구축하게 되었다.

　　LG유플러스가 글로벌 강자들을 상대로 협상을 효과적으로 이
끌 수 있었던 것은 노키아라는 배트나를 잘 활용했기 때문이다. 이
협상으로 인해 LG유플러스는 저비용으로 세계 최초로 전국 LTE
망을 구축하고, 가입자 수를 크게 확대하는 데 성공했다. 노키아의
경우도 이 계약을 통해 장기적인 이익을 얻을 수 있었다. 이후 LTE
가 본격적으로 전 세계에 보급되면서 노키아는 인수합병 과정을 통
해 2015년 글로벌 시장점유율을 29%까지 끌어올렸고(1위 에릭슨은
33%), 세계 통신업계 강자로 발돋움했다.

　　협상력을 끌어올리는 데 배트나만큼 강력한 것은 없다. 또 하나
이 사례가 주는 교훈은 '배트나는 주어지는 것이 아니라 개발해야

한다'는 점이다. 건강보험공단은 시간을 끌어가며 한미약품의 올리타를 활용했고, LG유플러스는 계약을 서두르지 않고 노키아를 활용했다. 당신이 배트나를 어떻게 개발하고 활용하느냐에 따라 당신의 협상력이 좌우된다.

▶ 배트나는 이렇게 활용하라

당신이 좋은 배트나를 가지고 있다면 상대에게 끌려다닐 이유가 없다. 당신의 배트나를 알게 된 상대가 그에 대응할 만한 배트나를 갖지 못했다면 당신에게 유리한 조건에 합의해줄 것이기 때문이다. 따라서 당신의 배트나가 좋을 때에는 상대에게 알리는 것이 현명하다. 당신의 배트나를 인식하는 순간 상대는 '어? 협상이 결렬되면 우리만 불리해지잖아. 잘못되면 경쟁사에 계약을 뺏길 수도 있겠는걸' 하고 조바심을 느끼게 된다. 그러므로 결정적인 순간에 당신의 배트나를 알려서 상대를 압박해야 한다.

TV홈쇼핑에서는 쇼핑호스트들의 현란한 말솜씨에 넘어가기도 하지만 고객의 구매심리를 자극하는 포인트는 따로 있다. 바로 TV 화면 아래에 뜨는 '매진 임박', '인기 색상 품절'과 같은 자막이다. 이런 메시지를 본 사람들은 '다른 사람이 가져가기 전에 주문해야 해' 하고 다급해진 마음에 서둘러 전화기를 찾는다. 쇼핑호스트들은 고객의 이런 심리를 활용한다. 그들에게는 '다른 고객'이라는 훌륭한 배트나가 있는 것이다.

▶▶ 배트나 알리기

단, 배트나를 언제, 어떠한 방식으로 상대에게 알릴지에 대해서도 전략이 필요하다. 협상 초기에 너무 빨리, 마치 선언하듯이 알리는 것은 위험하다. 자칫 상대의 기분을 상하게 하고 논의 자체를 단절시킬 수 있다. 때로는 협상테이블에서 직접 언급하지 않고 제3자를 통하거나 언론을 통해 흘리는 등의 간접적인 방법을 활용해도 좋다.

자신의 배트나가 좋다고 대놓고 알리게 되면 도리어 역효과가 발생할 수 있다. 남녀가 이제 막 교제를 시작했는데 여성이 다른 남자의 존재를 은근슬쩍 흘리는 것은 상대방을 안달하게 하는 데 도움이 될 수 있다. 그렇다고 노골적으로 이야기하면 자칫 상대방의 자존심을 건드릴 수도 있고 믿음이 깨질 수도 있다. 상대방의 기분을 상하게 하지 않는 범위 내에서 완곡히 알리는 것이 협상의 기술이다.

쇼핑몰 개발업체가 대형마트와 입주 협상을 벌이는 경우를 살펴보자.

건물주: 입지 조건이 좋기 때문에 실은 다른 업체에서도 관심을 나타내고 있습니다.

대형마트: 어떤 곳인지 말씀해주실 수 있겠습니까?

건물주: 구체적으로 다 밝힐 수는 없습니다만 상당히 좋은 제안을 받고 있는 것은 사실입니다. 굳이 원하신다면 말씀드릴 수도 있지만, 저희의 기본 방침은 귀사와의 협상에 최선을 다한다는 것입니다.

물론 결정적인 순간에는 배트나를 구체적으로 밝힐 수도 있다. 예를 들면 다음과 같은 식이다.

"지금 말씀하시는 임대료 평당 15만원은 저희가 제안받은 다른 업체보다 20%나 적습니다. 이 금액으로는 저희로서도 실익이 없다는 생각이 드네요."

즉 상대의 자존심이 상하지 않는 범위 내에서 얘기하되 결정적인 조건을 협상할 때는 배트나를 소상하게 밝혀도 좋다. 이때 주의할 사항은 상대를 속일 생각으로 거짓 정보를 흘리면 안 된다는 점이다. 좀 더 유리하게 해보려는 욕심이 앞서 다른 업체로부터 실제 제안받은 조건이 아니라 거짓 숫자를 제시했다가 큰코다칠 수 있다. 세상은 넓기도 하지만 좁기도 하다. 한두 사람 거치면 금방 들통날 거짓 정보를 주었다가 사실이 아닌 것으로 밝혀지면, 협상의 가장 중요한 요소인 신뢰를 잃을 수 있다.

▶▶ 배트나 숨기기

자신에게 배트나가 아예 없거나 좋지 않을 때에는 상대에게 군이 밝힐 이유가 없다. 자신의 배트나가 형편없다는 사실을 상대가 인식하는 순간 압박을 가할 수 있기 때문이다. 이러한 상황에도 불구하고 노련하게 협상을 이끌어간 사례를 살펴보자.

1912년 시어도어 루스벨트(Theodore Roosevelt)는 세 번째 임기를 위해 치열한 대통령 선거전을 벌이고 있었다. 그러던 어느 날 선거본부에 예상치 못한 문제가 발생했다. 루스벨트 후보의 포스터 300만 장을 인쇄하여 배포하려는 상황에서 작은 글씨로 찍힌 '시카고 모펫 스튜디오'라는 저작권자 표시를 발견했는데, 해당 사진의 사용 허가를 받지 않은 채 인쇄를 했던 것이다. 당시 사진저작권은 1장당 1달러라 300만 달러의 저작권료를 지불해야 했다. 이는 감당하기 힘든 큰 비용이었고 포스터를 다시 인쇄하는 것도 시간상 무리였다. 선거대책본부장은 난감했다. 명백히 협상의 칼자루는 사진을 찍은 스튜디오에 있었기 때문이다. 사진 저작권료를 깎아달라고 사정하는 방법 외에는 다른 길이 없어 보였다.

당시 루스벨트 선거대책본부장이던 조지 퍼킨스(George Perkins)는 해당 사진을 찍은 사진작가에 대해 알아보고, 문제를 깊이 분석해 본 후 다음과 같이 전문을 보냈다.

"선거 포스터 300만 장에 귀하의 스튜디오에서 찍은 루스벨트 후보의 사진을 실어 전국에 배포할 계획입니다. 전국적으로 귀하의 스튜디오를 알릴 수 있는 아주 좋은 기회로 보이니, 사진을 실어주는 대가로 얼마를 낼 용의가 있는지 즉시 답변 바랍니다."

이 전문을 받은 사진작가는 즉각 응답했다.

"기회를 주서서 고맙습니다만 250달러밖에 낼 수 없습니다."

1912년 대통령 선거전 당시 루스벨트 후보의 선거대책본부장은 배트나가 열악한 위기 상황에서 뛰어난 협상가의 모습을 보여주었다. 시어도어 루스벨트 대통령 역시 재임 당시 여러 외교 분쟁에 중재자로 개입하여 협상가로서의 자질을 발휘하였다.

뛰어난 협상가인 퍼킨스는 300만 달러를 지불해야 하는 상황을 250달러를 받을 수 있는 상황으로 뒤집었다. 어떻게 이런 묘책을 생각해냈을까? 선거대책본부장인 퍼킨스가 가진 배트나는 형편없었다. 시간적으로나 비용적으로나 포스터를 다시 제작하는 것도 무리였다. 그는 자신이 가진 형편없는 배트나를 사진작가에게 굳이 알리지 않았다. 그 대신 사진작가로 하여금 현재의 상황을 스튜디오를 홍보할 수 있는 멋진 기회가 주어진 것으로 인식하도록 유도했다. 그는 사전 조사를 통해 사진작가가 경제적으로 여유롭지 못하다는 사실을 알게 되었다. 그래서 이번 거래를 통해 사진작가가 얻을 수 있는 경제적 가치가 크다는 점을 부각시킨 것이다.

퍼킨스의 전략이 성공할 수 있었던 핵심 요인은 그가 배트나가 불리한 위기 상황에 처한 사실을 상대가 알지 못했다는 데 있다. 이 이야기를 듣고 어떤 사람들은 선거대책본부장이 사진작가를 속인 것이 아니냐고 반문하기도 한다. 그러나 과연 속인 것일까? 또는 거짓을 얘기한 것일까? 아니다. 퍼킨스는 자신의 형편없는 배트나를 알리지 않은 것뿐이다. 만일 사진작가가 포스터 300만 장이 이미 인쇄되었다는 사실을 알았다면 협상의 주도권은 그에게 넘어갔을 것이다.

생각해보라. 예를 들어, 트럭 운전자인 당신이 은행에서 빌린 돈을 계속 체납하여 트럭을 팔아 전부 갚지 않으면 압류될 상황에 처했다고 하자. 이때 당신은 트럭 구매자와의 협상에서 당신의 어려운 사정을 상대방에게 알리겠는가? 대부분 말하지 않을 것이다. 당신의 급한 사정을 상대방이 알게 되면 가격 협상에서 불리해질 것이 뻔하기 때문이다. 협상에서는 알려도 되는 정보가 있고, 알려서는 안 되는 정보가 있다. 노련한 협상가는 이를 명확히 구분할 줄 안다.

▶▶ 상대의 배트나에 포커스를 맞춰라

그렇다면 협상에서 사용할 수 있는 강력한 무기 중 하나인 배트나가 아예 없을 경우에는 어떻게 해야 할까? 현실적으로 대기업에 납품하는 중소기업이 이런 경우에 처하기 쉽다. 실제로 중소기업에서 영업을 담당하는 실무자들이 애로사항으로 자주 토로하는 부분이다.

• **상황** 1: X사는 자전거 프레임을 전문적으로 생산하는 업력 30년 이상의 전통 있는 회사다. 품질 수준은 업계에서 최상위에

속한다고 자부하지만 최근 5, 6년간 매출이 정체되고 있다. 게다가 자전거는 계절성이 강해 비수기에 공장 가동률을 유지하는 게 큰 문제인데, 매출 정체로 창원공장의 카본 바디 자전거 생산라인은 거의 멈춰 있는 상태다.

그런데 지난주 전동차 판매 대기업인 Y사로부터 자전거 프레임 납품 거래를 제안받았다. 이 회사는 몇 년 전 자전거를 첫 출시했고, 현재 시즌 2의 제품을 개발 중이라고 했다. 자금력이 탄탄한 회사이니 계약이 체결되면 안정적으로 거래할 수 있을 것으로 예상된다. 이번 협상에서 가장 이슈가 되는 것은 역시 단가이다. 견적을 대당 26만원 제시했지만 20만원으로 낮추고 납기마저 빠듯하게 요구하고 있다. 대당 20만원으로는 남는 게 별로 없지만 다른 방법이 없다. 영업본부장에게 상황을 보고했더니 공장을 세워둘 수는 없으니 이번 납품 기회를 반드시 잡아야 한다고 강조한다. 결국 대기업인 Y사의 요구를 수용해야 할 것 같다.

• **상황 2**: Y사의 구매담당자는 발등에 불똥이 떨어졌다. 이번에 시즌 2를 맞이해 새로운 디자인과 성능으로 업그레이드된 자전거를 출시해야 하는데, 프레임 개발업체가 문제를 일으켰기 때문이다. 당초 가격이 저렴해 개발을 맡겼던 중국 업체가 6개월이나 지난 지금에 와서 납품 포기를 선언해버렸다. 이번 프로젝트는 CEO가 직접 간여할 만큼 중요하기 때문에 품질, 납기, 가격 어느 것 하나 소홀히 할 수 없었다.

선배들의 도움을 얻어 수소문한 끝에 중소기업이지만 오랜 전통을 지닌 자전거 프레임 업체 X사를 접촉했다. 그나마 자사의 요구에 맞춰줄 수 있는 곳은 여기가 유일한 것으로 분석되었다. 견적 제출을 요구했더니 대당 26만원을 제시했고 납기도 만족스럽지 않다. 품질은 입증된 곳이니 어떻게든 협상을 잘 진행해 목표 가격과 완제품 출시 기한을 맞춰야 한다.

위의 상황 1과 상황 2는 자전거 프레임 납품 협상을 놓고 납품업체인 X사와 구매업체인 Y사의 상황을 서술한 것이다. 상황 1만 보면 X사 영업담당자에게는 배트나가 없다. 대기업 Y사를 대신할 만한 납품처가 없으니 상대의 요구를 거부하기 힘들다. 그런데 과연 그런가? 상황 2를 보면 Y사 구매담당자의 상황이 더 좋지 않다. X사 말고는 다른 배트나가 없다. 협상테이블에서 만난 두 담당자의 대화를 살펴보자.

Y사 구매담당자: 저희가 조사해본 결과 A사와 B사 등의 단가는 20만원 이하입니다. 그 업체들과 거래할 수도 있겠지만 X사의 오랜 경험을 인정하기 때문에 조금 더 비용을 들여서라도 함께 하려고 하는 것입니다. 그러니 대당 20만원에 맞춰주시고 내달 말까지 납기를 지켜주십시오.

X사 영업담당자: 아, 네. 저희 회사를 선택해주셔서 고맙습니다. 공장 가동시간을 최대한 연장해 납기를 맞추도록 하겠습니다. 그런데 생산비와 인건비 등을 고려하면 단가 20만원은 정말 남는 게 없습니다. 다시 한 번 고려해주십시오.

Y사 구매담당자: 흠…… 단가 인상은 불가하고요, 저희가 요구한 조건을 맞춰주신다면 계약 기간을 1년이 아니라 이번 시즌 2 프로젝트 전체 기간인 3년으로 하도록 하죠.

X사 영업담당자: 아, 네. 그럼 저희 본부장님께 잠깐 전화 좀 드리고 오겠습니다. (밝은 표정으로 돌아와) 알겠습니다. 납기와 단가 모두 맞추도록 하겠습니다.

협상학적인 측면에서 봤을 때 Y사 구매담당자에게는 X사 외에 다른 대안, 즉 배트나는 없다고 볼 수 있다. 그만큼 Y사 구매담당자의 협상력은 상대적으로 약하다. 그럼에도 불구하고 그는 짐짓 여유 있는 태도로 상대를 압박한 결과 원하는 것을 얻어냈다. 어떻게 그것이 가능했을까? 그것은 Y사 내부의 어려운 상황을 상대가 모르고 있었기 때문에 가능했다.

한편 X사 영업담당자는 자사의 매출부진에만 몰입되어 있었기 때문에 상대의 어려운 상황을 알아채지 못했다. 판매 실적을 올리는 데만 초점을 맞추다 보니 미처 상대 입장까지는 생각해보지 않은 것이다. 그런데 만약 Y사의 어려운 상황을 알았다면 어떻게 될까? 영업하는 사람들은 고객사를 자주 출입하다 보면 사내 정보를 얻는 채널이 자연히 생긴다. 구매부서 내부의 다른 직원뿐만 아니라 다른 부서 예를 들어 생산, 기술, 연구 부서 등의 채널이 그것이다. 그들로부터 유사한 정보를 얻고 상대 회사의 절박한 내용을 조금이라도 알았다면 협상 상황은 180도 바뀔 수 있었을 것이다. 구매담당자의 일방적인 요구에 끌려가지 않았을 것이다. 급한 쪽은 상대라는 것을 아는 순간, 시간을 끌면서 단가인하 요구를 쉽게 수용하지 않았을 것이다.

이 사례가 주는 메시지는 당신의 배트나를 확보하는 것도 중요하지만, 상대의 배트나를 아는 것이 더 중요하다는 사실이다. 노련한 협상가는 협상의 위기 상황에서 자신의 문제에만 골몰하지 않는다. 협상이 깨졌을 때 상대가 어떻게 할 것인지, 어떤 대안을 가지고 있는지부터 확인한다.

그렇다면 상대의 배트나는 어떻게 파악할 수 있을까? 상대의 배트나를 파악할 수 있는 가장 빠른 길은 상대의 입장이 되어 보는 것이다. 당신과의 협상이 결렬되었을 때 상대방이 사용할 수 있는 대안이 무엇인지 생각해보라. 협상이 결렬되었을 때 상대에게 어떤 곤란한 문제가 생기는가. 거래선 변경비용(vendor change cost)이 발생한다든지, 다른 거래선은 당신보다 신뢰 구축이 덜 되어 있다든지, 상대 회사 내부적으로 생각치 못한 어려움이 있다든지 등등 상대도 약점이 있을 수 있다. 상대의 배트나가 약하다면 당신이 챙길 수 있는 부분은 상대적으로 클 수 있다.

한편, 당신이 약한 배트나를 가졌지만 상대방의 배트나 역시 약하다면 특별히 문제가 되지 않는다. 루스벨트 선거대책본부장의 사례로 돌아가보자. 사진작가가 선거대책본부장의 배트나가 매우 약하다는 것을 알았다 치자. 그랬다면 그는 좋은 결과를 얻고 선거대책본부장은 나쁜 결과를 얻었을까? 꼭 그렇지는 않을 것이다. 왜냐하면 사진작가의 배트나 역시 그리 강하지는 않았기 때문이다. 만약 양측의 거래가 결렬되었다면 선거대책본부장은 포스터를 다시 제작하는 비용을 치러야 하지만, 사진작가 역시 미국 전역에 자신의 스튜디오를 알릴 수 있는 좋은 기회를 날리게 되는 것이다.

이렇게 협상 참가자 양측 모두 배트나가 약할 때 과연 누가 더 많은 가치를 얻을 수 있을까? 대개 협상의 원리를 잘 알고 이를 적절히 활용하는 사람이 더 많은 가치를 가져간다. 이 협상에서는 선거대책본부장이 사진작가의 약한 배트나에 포커스를 맞춤으로써 자신에게 유리한 결과를 얻을 수 있었다. 반면 사진작가는 엄청난 기회를 놓칠지도 모른다는 생각에 집중한 나머지 루스벨트 선거본부에 자신이 안겨줄 수 있는 가치는 고려해보지 못했다.

▶▶ 제3자의 힘을 이용하라

협상을 할 때 가장 바람직하지 않은 자세는 절망하거나 포기하는 것이다. 당신이 그런 기미를 보이거나 약한 모습을 보일수록 상대는 자신의 주장을 더욱 밀어붙이기 마련이다. 그러므로 포기하지 말고 다시 힘을 내어 어떻게 해서든 협상을 유리하게 끌고 가려고 해야 한다. 그래야 상상력을 발휘하게 되고 남들이 생각지 못한 아이디어도 떠올릴 수 있다.

당신의 배트나가 약하거나 아예 없다고 하더라도 실망하긴 이르다. 제3자의 힘을 빌려 협상력을 확대시킬 수도 있기 때문이다. 협상장 내부가 아닌 협상장 외부의 힘을 빌려 상대를 움직일 수 있다. 다음 홍콩정부의 디즈니랜드 협상 사례를 살펴보자.

홍콩은 1997년 7월 영국에서 중국으로 주권이 이양되었다. 1998년 월트 디즈니는 급격하게 성장하고 있는 중국 경제에 군침을 흘리고 있었다. 아울러 중국에 인접한 홍콩의 엔터테인먼트 사업과 관련된 시장이 더욱 확대될 것으로 기대하면서 홍콩 정부와 대화를 시작했다. 홍콩은 아시아의 주요 국제 무역항이자 금융허브, 그리고 가장 발달한 자유경제지역 중의 하나로 국제 무대에서 상당한 위상을 가지고 있었다.

그러나 이러한 위상에도 불구하고 1997년에 닥친 아시아의 경제위기와 중국 반환은 큰 타격이었다. 관광객의 급감으로 홍콩 경제는 심각한 불황에 빠졌고 실업률은 1997년 2.5%에서 1999년에는 6%로 상승했다. 국내 총생산(GDP) 역시 1998년 −5.1%라는 초유의 최저치를 기록했다. 이에 홍콩 정부는 세계적인 테마파크를 보유함으로써 홍콩이 활기차고 세계적인 도시이며, 아시아뿐만이 아니라 세계적으로도 핵심적인 관광지라는 국제적인 이미지 상승 효과를 거두고자 기대했다. 최적의 장소로 첵랍콕 공항이 위치한 북동부의 란타우 지역을 결정하고 양측은 협상을 시작했다.

초기에 홍콩 정부는 파격적인 조건을 제의했다. 테마파크의 1단계 개발에 소요되는 토지는 50년 임차조건을 보장하고 도로, 부두, 교통환승시설, 경찰서, 소방서, 응급병원, 배수 및 하수처리 시설 등을 포함하는 인프라 건설을 약속했다. 그러나 홍콩 정부의 조급한 마음을 읽은 디즈니 측의 협상 자세가 돌변했다. 홍콩 외에 중국 상하이, 쥬하이, 싱가포르 등 대체 후보지를 슬쩍 흘리면서 테마파크 건설에 소요되는 금융 지원과 세제 혜택 등 과다한 요구를 하기 시작했다.

홍콩 정부는 가능한 범위 내에서 디즈니의 요구를 수용하려 노력했지만 한계점에 봉착했고 협상은 교착 상태에 빠졌다. 그렇다고

협상테이블에 마주 앉은 당사자 뒤에는 보이지 않는 수많은 제3자, 혹은 제3의 기관이 존재한다. 협상이 난관에 부딪혔을 때, 협상장 외부로 눈을 돌려 제3자의 힘을 이용해 돌파구를 찾을 수도 있다.

이제 와서 다른 테마파크(유니버설 스튜디오 등)를 유치하기도 쉽지 않은 일이었다. 한마디로 배트나가 없었던 것이다. 고민하던 홍콩 정부는 이러한 상황을 언론에 슬쩍 흘리는 방법을 생각해냈다. 디즈니 측이 가장 두려워하는 것, 기업 이미지와 여론의 악화에 초점을 맞춘 것이다. 디즈니의 가장 큰 고객은 홍콩 주민과 중국 관광객이었고 그들로부터 외면을 받는다면 테마파크를 운영하기 어렵다는 점에 착안해 홍콩의 〈사우스 차이나 모닝 포스트〉에 '디즈니랜드가 과도한 경제적 요구를 하고 있다'는 내용이 보도되도록 했다. 언론 보도를 접한 디즈니 측은 예상치 못한 홍콩 정부의 반격에 당황했다. 여론의 역풍을 맞기 전에 사태를 수습해야겠다고 보고, 결국 자신들이 내세웠던 지나친 협상 요구를 철회하였다.

조지 부시 대통령의 미국 의회 협상

협상에서 나의 배트나가 형편없거나 아예 없다고 해서 상대의 요구를 그대로 수용해서는 안 된다. 협상 결과는 한번 지나가면 더 이상

되돌릴 수 없다. 그러므로 협상을 시작하기 전이든, 진행하는 중이든 생각의 패러다임을 전환할 수 있어야 한다. 눈에 보이는 협상 상황이나 조건에 매이지 말고, 다른 시각으로 당신과 상대의 입장을 냉정하게 분석해보라. 나의 힘이 약하다면 다른 곳으로부터 힘을 빌릴 수는 없는지 전략적으로 생각해보라.

1991년 미국의 조지 H. W. 부시 대통령이 의회와 벌인 협상은 '대의명분'이라는 제3의 힘을 활용했다는 점에서 주목할 만하다. 당시 부시 대통령은 쿠웨이트를 침공한 이라크를 응징하기 위해 미군을 파병하려 했다. 하지만 전쟁에 회의적인 미국 의회를 설득하는 작업이 만만치 않았다. 전쟁 비용도 그렇지만 전쟁이 초래할 수 있는 미국 젊은이들의 희생이 가장 큰 문제였다.

이때 부시 대통령은 의회를 설득하기보다 다른 길을 택했다. 영국, 프랑스를 비롯한 우방국과 유엔의 지원을 구해 세계 평화를 위한 국제적인 연합 전선을 구축하였다. 상황이 이렇게 되자 강경하게 반대 의사를 표명하던 미국 의회도 결국 두 손을 들고 말았다. 부시 대통령은 협상장 안의 문제에만 집착하지 않고 우방국들과 유엔이라는 협상장 밖 제3자의 힘과 세계 평화라는 대의명분을 활용해 협상의 돌파구를 찾아낸 것이다.

▶ 때로는 벼랑끝에 서라, 워트나

협상이 의도와 다르게 진행되거나 배트나가 없어서 코너에 몰릴 때 당신은 협상 결렬에 대한 불안감에 사로잡히게 된다.

'안 돼. 어떻게 해서든 계약을 체결해야 해. 이 계약을 성사시키지 못하면 난 조직에서 설 자리를 잃게 될 거야.'

'상대가 무리한 요구를 해도 어쩔 수 없지. 힘없는 우리가 양보할 수밖에…….'

이런 생각으로 상대의 요구를 그냥 수락해버리면 상대는 의기양양해서 마치 눈앞의 먹이를 둔 늑대처럼 당신을 이리저리 요리하려들 것이다.

그렇다면 어떻게 해야 이런 상황에서 벗어날 수 있을까? 노련한 협상가는 자신의 태도와 자세를 다시 한 번 점검한다. 배트나가 아니라 워트나에 대해서도 생각해보는 것이다. 워트나(Worst Alternative to a Negotiated Agreement, WATNA)란 최악의 경우까지 가정해보라는 의미로, 여기에는 많은 의미가 함축되어 있다. 인간은 미래에 벌어질 나쁜 일에 대해 지나치게 많은 걱정을 한다. 그 걱정은 두려움으로까지 확대되어 현재의 순간을 앗아가고 최선을 발휘하지 못하게 한다. 워트나는 이러한 두려움을 떨쳐버리기 위해 협상에서 최악의 경우 어떤 상황이 벌어질지를 가정해보고, 그것을 스스로 감내하겠다는 결의를 다져보라는 의미이다.

'그래! 협상, 결렬될 수도 있어! 그래 봤자 내 인생이 여기서 끝
나는 것은 아니잖아!'

이것이 의미하는 것은 무엇일까? 나 자신에 대한 믿음이요, 신뢰
다. 여기서 '믿음과 신뢰'란 한번에 일어나는 태도의 변화라기보다
는 일상생활에서 접하는 의식적인 '선택'이다. 거래처, 직장상사, 배
우자 등 타인과 발생하는 모든 인간적 교류에서 당신은 두려움을
선택할 수도 있고 신뢰를 선택할 수도 있다. 여기서 신뢰는 타인에
대한 신뢰가 아니라 나 자신에 대한 신뢰이다. 역경을 잘 헤쳐나갈
수 있다는 자신감인 것이다. 자신감을 가지게 되면 어려운 상황에
처하게 되더라도 당당한 태도로 대응할 수 있다. 이러한 태도는 자
신에게도 도움을 주지만 상대에게도 믿음을 주는 효과가 있다.

"비관주의자는 모든 기회에서 난관을 보지만 낙관주의자는 모
든 난관에서 기회를 본다."

윈스턴 처칠의 이 말은 협상가로서 당신 자신에게 도전을 요구
한다. 자신에 대한 신뢰란, 나에게 닥친 문제를 적극적으로 해결하
겠다는 행동의지이다. 협상에서 일어날 수 있는 최악의 상황을 막연
하게 대할 것이 아니라 명확하게 인지함으로써 긴장과 두려움에서
벗어날 수 있다.

☑ 배트나(Best Alternative to a Negotiated Agreement, BATNA)는 협상이 결렬될 경우 내가 택할 수 있는 최선의 대안이다. 대안이 없다면 상대방의 요구에 끌려갈 수밖에 없기 때문에 협상에서 배트나를 확보하는 것은 매우 중요하다. 상대와의 협상에서 주도권을 가지고 싶다면 배트나를 최대한 확보하고, 적극 활용하라. 협상력의 차이는 배트나로부터 출발한다.

☑ 당신이 좋은 배트나를 가지고 있다면 상대에게 알리는 것이 현명하다. 단, 배트나를 언제, 어떠한 방식으로 알릴지에 대해서도 전략이 필요하다. 협상 초기에 너무 빨리, 마치 선언하듯이 알리는 것은 위험하다. 자칫 상대의 기분을 상하게 하고 논의 자체를 단절시킬 수 있다. 때로는 협상테이블에서 직접 언급하지 않고, 제3자를 통하거나 언론을 통해 흘리는 등 간접적인 방법을 활용해도 좋다.

☑ 자신에게 배트나가 아예 없거나 좋지 않을 때에는 상대에게 굳이 밝힐 이유가 없다. 자신의 배트나가 형편없다는 사실을 상대가 인식하는 순간 압박을 가할 수 있기 때문이다.

☑ 협상에서 사용할 수 있는 배트나가 아예 없을 경우에는 상대의 배트나에 초점을 맞춰라. 상대의 배트나를 파악할 수 있는 가장 빠른 길은 상대의 입장이 되어 보는 것이다. 당신과의 협상이 결렬되었을 때 상대방이 사용할 수 있는 대안이 무엇인지 생각해보라.

☑ 당신의 배트나가 약하거나 아예 없다고 하더라도 실망하긴 이르다. 제3자의 힘을 빌려 협상력을 확대시킬 수 있다. 협상장 내부가 아니라 외부의 힘을 빌려 상대를 움직일 수 있는 방법을 고민하라.

☑ 협상이 의도와 다르게 진행되거나 배트나가 없어서 힘들 때, 노련한 협상가는 워트나(Worst Alternative to a Negotiated Agreement, WATNA)에 대해 생각해봄으로써 자신의 태도와 자세를 점검하고 현재의 순간에 최선을 다한다. 협상에서 일어날 수 있는 최악의 상황을 막연하게 대할 것이 아니라 명확하게 인지함으로써 자신에 대한 신뢰를 회복하고 긴장과 두려움에서 벗어나는 것이다.

Chapter 6

제대로 준비하라_Rule 5

▶ 사전 준비가 협상력의 차이를 낳는다

협상 교육을 하면서 알게 된 흥미로운 사실 중 하나는 대부분의 실수가 협상 시작 전에 발생한다는 점이다. 그리고 이런 실수가 '잘못된 준비'가 아니라 '준비 부족'에서 나온다는 점이다. 문제는 아직도 많은 이들이 협상의 결과가 협상테이블에서 얼마나 즉흥적으로 잘 대처하느냐에 따라 좌우된다고 생각하는 것이다. 이런 가정 아래 대부분 협상 준비를 제대로 하지 않았다가 협상이 끝나고 나서야 사전 준비가 결정적이라는 사실을 비로소 인지하게 된다.

반면에 노련한 협상가들은 공식적인 협상 시작 전부터 준비한다. 상대방의 관심사는 무엇인지, 원하는 반대급부는 무엇인지, 데드라인은 언제까지인지 조사하고 확인한다. 사전 준비를 얼마나 치밀하게 했느냐에 따라 협상력은 달라지기 마련이다.

▶▶ 상대의 기대를 조율하라

어느 토요일 오전, 벨소리가 들려 현관문을 열었더니 젊은 부부가 삶은 고구마 한 접시를 들고 서 있었다.

"저희가 903호에 곧 이사 옵니다. 그래서 인사드리러 왔습니다."

같은 층에 사는 사람들끼리도 모르고 지내는 경우가 많은데 직접 찾아와서 인사를 건네다니, 반가운 마음에 잠시 들어오라고 말했다. 그러자 고맙다고 하면서 찾아온 진짜 이유를 말했다.

"사실은 다음 주 월요일부터 저희가 내부 수리를 하는데 공사 소음이 생길 것 같아요. 이웃 분들께 본의 아니게 피해를 드리게 되어 죄송합니다. 양해 부탁드립니다."

아니나 다를까 며칠 후부터 시끄러운 소리가 들려왔다. 소음도 소음이지만 페인트 냄새가 진동을 해 머리가 아플 지경이었다. 하지만 불평 한마디 못하고 참았다. 공사 중 가끔 젊은 부부를 마주쳐도 웃으면서 인사했지 불쾌한 표정은 지을 수 없었다. 왜냐고? 미리 찾아와 양해를 구했고 이미 예고되어 있었던 공사였기 때문이다. 게다가 고구마까지 얻어먹지 않았는가.

협상에 앞서 당신이 어떻게 준비하느냐에 따라 결과는 크게 달라질 수 있다. 앞 사례의 903호 젊은 부부가 사전에 정지작업을 한 것처럼 말이다. 협상 시작 전에 미리 리드타임(lead time)을 스마트하게 활용하라. 상대에게 사전 정보를 제공한다든지 상대의 기대치에 영향을 주게 되면 협상 자세에 변화가 일어난다.

사람들이 결과에 만족하거나 불만을 가지는 것은 기대와 관련이 있다. 기대가 크면 실망도 큰 것처럼, 결과 자체보다 기대한 것이 실제 결과와 차이가 나는 데서 문제가 발생한다. 그러므로 협상 준비 단계에서 상대의 기대치가 현실과 차이가 있음을 알았다면 그대로 간과해서는 안 된다. 실제 협상에서 그 차이가 드러나 협상이 어려워질 수 있기 때문이다. 협상 시작 전에 상대의 인식을 바로잡을 수 있는 정보를 미리 공유하는 것이 현명하다.

중소기업을 경영하는 C사장은 지난 3년간 경영실적이 좋아 직원들의 급여를 매년 평균 6% 올려주었다. 그런데 금년에는 미국과 중국의 무역마찰로 매출이 급감하여 적자가 발생했다. 업계에 불어닥친 전반적인 불경기로 앞으로의 매출도 비관적이었다. 난관을 돌파하기 위해서는 지출 비용을 절감해야 했지만, 직원들은 이처럼 세세한 상황까지는 모르고 있었다.

이러한 상황에서 아무런 준비 없이 노조와 임금협상에 나선다면 직원들은 당연히 6% 이상 인상을 요구할 것이다. 지금까지 쭉 그렇게 해왔으니 말이다. 고민 끝에 C사장이 4%를 올려주겠다고 해도 노조는 여전히 2% 부족분에 대해 불만을 가질 것이다. 그러므로 협상을 잘 풀어나가기 위해서는 일단 노조의 기대치를 낮추는 조치가 선행되어야 한다. 공식적으로 협상이 시작되기 전 경영진에서는 회사 경영의 부정적인 소식을 직원들과 공유해야 한다. 시작하고 나서 알리면 이미 늦다. 협상을 유리하게 끌고 가기 위한 경영진의 핑계거리쯤으로 생각할 것이기 때문이다. 회사에 적자가 발생했고 언제쯤 회복될지 앞날이 불투명하다는 정보를 사전에 접하게 되면 직원들도 현실을 다시 인식하게 될 것이다. 경영 환경을 투명하게 공개한 후, 노사가 어떻게 힘을 합쳐 어려운 국면을 돌파할 것인가를 논의하면 협상이 좀 더 순조롭게 풀릴 수 있다.

여기서 강조하고 싶은 것이 바로 기대치다. 잘못된 추측이나 비현실적인 기대가 초기에 조정되지 않으면 협상에 실패할 확률이 커진다. 따라서 사전에 정보를 수집하고 나서 당신이 할 일은 상대에게도 적절한 정보를 제공하는 것이다. 현실적인 정보 공개는 상대의 기대치를 현실적으로 바꿔준다.

▶▶ 협상 전에 어떤 것들을 조사해야 하는가

본격적으로 협상을 시작하기 전에 양측이 논의할 협상 이슈와 그 밑에 숨어 있는 중요 요소들을 가능한 한 많이 조사해야 한다. 이때 정보의 양보다 중요한 것은 상대의 의사결정에 영향을 미치는 요소들, 선택권과 대안 등을 파악하는 것이다. 주로 다음과 같은 항목들을 확인해보자.

- 상대가 왜 나와 협상하려고 하는가?
- 상대는 어느 정도의 결과물을 기대하고 있는가?
- 상대가 숨기려고 하는 이슈나 어젠다는 무엇인가?
- 협상이 타결될 수 있는 현실적인 대안으로는 어떤 것들이 있는가?
- 상대가 내세울 기준이나 논리적 근거는 무엇인가?
- 협상이 결렬된다면 상대에게 어떤 대안이 있는가?
- 상대의 협상 스타일이나 기업 문화는 어떠한가?
- 최종 의사결정자는 누구이며 협상 대표의 권한은 어디까지인가?
- 협상 마감시한은 언제까지이며, 상대가 받고 있는 제약조건은 무엇인가?

▶ 촘촘한 준비가 협상의 성공을 부른다

협상에서 '준비에 실패하면 실패를 준비하는 것과 같다'라는 말이 있다. 그만큼 협상에서 준비는 중요하다. 상대에 대한 정보를 파악한 후 그가 취할 수 있는 전략을 예측하여 미리 대비한다면 두려움 없이 협상테이블에 나아갈 수 있다. 지피지기(知彼知己)면 백전불태(百戰不殆)라고 하지 않는가. 상대를 알고자 하는 노력을 게을리하지 않을 때 내가 취할 수 있는 전략이 보다 촘촘해지고 협상의 주도권을 쥘 수 있다.

철저한 준비가 협상에 미치는 긍정적인 면은 세 가지로 요약할 수 있다.

첫째, 자신감을 심어준다. 상대에 대해 샅샅이 조사를 하고 나면 상대가 협상에서 어떻게 나올지 어느 정도 예견할 수 있다. 상대의 전략을 미리 파악하여 대비한다면 협상테이블에서 당황하지 않고 차분하게 대응할 수 있다. 시합을 앞둔 골퍼가 인도어(indoor) 골프장에 가서 열심히 연습하고 난 후 경기에 임하는 경우에 빗대어 생각해보자. 드라이브와 아이언은 물론이고 벙커샷과 퍼팅 실력까지 갈고닦아 놓는다면 심리적으로 불안하지 않고 자신 있게 경기에 임할 수 있을 것이다. 이번에는 실력을 제대로 보여줘야지 하는 생각에 오히려 설렐지도 모른다. 준비는 준비 자체도 협상에 도움을 주지만, 준비했다는 사실이 당신에게 자신감을 불어넣어주어 협상의 성공 확률을 높인다.

둘째, 내부의 적을 없앨 수 있다. 팀을 구성해 협상에 임하다가 가끔 당혹스런 상황에 처할 때가 있다. 예를 들면, 충분히 좋은 조건을 받아낼 수 있는데 갑자기 팀원 중 한 명이 "이 정도면 충분합니다"라고 협상을 마무리한다든지, "그럼 그 조건은 저희가 양보해 드리죠"라고 제멋대로 통 큰 제안을 해버리는 것이다. 이는 협상 준비 단계에서 구성원 간에 충분한 합의가 이루어지지 않아 발생하는 사태다. 협상테이블에서 한번 내뱉은 말은 주워 담기 힘들다. 되돌리려면 그만큼 대가를 치뤄야 한다. 그러므로 이런 실수가 발생하지 않도록 팀원들과 미리 충분히 의견을 조율해야 한다. 협상 준비 단계에서 팀원들과 공동으로 참여하고 호흡을 맞춘다면 이런 실수는 사전에 방지할 수 있다.

셋째, 논리에 빈틈이 없어지고 협상이 정교해진다. 준비에 충실하면 어느 요소 하나라도 빠짐없이 대비할 수 있게 되어 상대의 예기치 않은 반격에도 흔들리지 않고 대응할 수 있다. 언제 어느 선에서 물러서야 할지 마지노선을 지킬 수 있다.

▶▶ NPT 작성하기

협상 전에 협상준비서(Negotiation Preparation Table, NPT)를 작성하면 실제 협상에 큰 도움이 된다. NPT는 일반적으로 다음과 같은 표 양식으로 작성한다. 표의 왼쪽 아래로는 협상 전에 파악해야 할 사항들을 나열하는데, 여기에는 앞에서 설명한 협상의 핵심 개념들이 포함된다. 오른쪽 상단에는 협상에 참여하는 양측인 A(자신)와 B(상대)를 넣어 구분해준다.

구분	A	B
	내용	내용
어젠다 (agenda)		
요구 (position)		
욕구 (interest)		
창의적 대안 (creative option)		
숨은 욕구 (hidden interest)		
협상의 기준 (standard)		
배트나 (BATNA)		

첫째 항목인 어젠다에 협상의 주제와 목표를 명시한 후 이어서 자신과 상대방이 이번 협상에서 서로에게 요구할 수 있는 사항들, 겉으로 드러내지 않지만 이루고 싶은 욕구가 무엇인지를 파악하여

적는다. 그런 다음 서로의 욕구를 충족시킬 수 있는 창의적 대안은 무엇인지, 혹시 파악하지 못한 숨은 욕구가 있는지 고민해보고 적는다. 아울러 서로가 납득할 수 있는 협상의 기준점은 무엇인지 찾아보고, 협상 결렬 시 택할 수 있는 대안인 배트나를 파악하여 적는다.

A칸에 기입하는 자신에 해당하는 사항뿐만 아니라 B칸에 기입하는 상대방의 사항도 되도록 구체적으로 서술해야 한다. 그렇다면 상대방에 대한 정보는 어떻게 구할 수 있을까? 8장에서 좀 더 자세히 언급하겠지만, 상대방을 파악하기 위해서는 역지사지(易地思之)의 지혜가 필요하다. 위치를 바꾸어 상대방의 입장에 서서 만약 당신이 상대라면 무엇을 요구할 것인지, 왜 그것을 요구할 것인지를 곰곰이 생각해본다. 그런 다음 상대가 그러한 주장을 하기 위해서 어떤 논리와 기준을 내세울 것인지, 거기에 당신은 어떻게 대응하고 어떠한 대안을 제시할 수 있는지 상상해보고 NPT에 구체적으로 표현해본다. 이러한 과정을 반복하다 보면 협상테이블의 그림이 그려지고 보다 실제적인 NPT를 작성하게 된다.

다만, NPT를 작성할 때 모든 항목을 반드시 채워야 한다는 부담감은 버려도 좋다. 예를 들어 아무리 생각해도 상대의 숨은 욕구를 파악하기 어려울 수 있다. 그럴 땐 해당 항목은 넘기고 다른 항목 준비에 더 힘을 기울이면 된다. 협상 전에 작성된 NPT가 금과옥조는 아니다. 협상 도중에 상대가 예상하지 못했던 요구나 제안을 할 수도 있고, 생각하지 못했던 창의적 대안이나 배트나가 번뜩 떠오를 수도 있다. 그럴 때는 망설이지 말고 협상팀이나 동료들과 NPT를 계속 수정해가면 된다. NPT 작성의 목적은 빈칸 메우기가 아니라 어디까지나 더 나은 협상 결과를 이끌어내는 것이다.

▶▶ NPT 활용하기

임원급 수강생을 대상으로 운영하는 협상최고위과정(NCP)에 참여했던 서울 소재 S사 C부사장이 들려준 사례다. 전체 12주 과정 중에서 4주가 끝나고 나서 C부사장이 두 번이나 결석을 했다. 혹시 몸이 편찮은 것은 아닌지 걱정되어 오랜만에 수업에 나타난 그에게 무슨 일이 있었냐고 물었다. 그랬더니 내 손을 덥석 잡으며 너무 고맙다고 하지 않는가.

알고 보니 C부사장은 그 사이 중국 화력발전소에 자사의 석탄을 판매하기 위해 출장을 갔다고 한다. 1년에 한두 번 있는 빅딜이어서 가기 전에 직원들을 모아놓고 며칠 동안 판매대책회의를 했다고 한다. 이때 직원들과 브레인스토밍을 하면서 NPT를 작성했고, 중국으로 가는 비행기 안에서도 계속 점검하며 수정 작업을 했다고 한다.

결과는 어떠했을까. 중국 측과 실제 협상에 들어갔는데 정말 NPT를 작성해가며 준비했던 대로 상황이 전개되어 C부사장 스스로도 깜짝 놀랐다고 한다. 상대가 어떤 전략을 구사할지 미리 조사하고 그에 대응할 방안을 준비한 터라 자신 있게 협상에 임할 수 있었다고 한다. 그 결과 당초 판매 목표 대비 물량은 1.2배, 단가는 15% 높은 가격에 최종 합의를 이루었다고 했다.

NPT는 이처럼 협상 준비에 도움을 주는 것은 물론이고 합리적 의사결정에도 기여를 한다. 협상최고위 강의를 열심히 들었던 패션 업체 K사장은 이후 특이한 습관을 지니게 되었다. 직원들이 내부 결재를 올릴 때면 반드시 NPT를 첨부하도록 하는 것이다. 백화점이나 대형 쇼핑몰과 패션의류 납품 계약을 맺는 일, 납품 과정에서 발생하는 반품 처리, 원자재 공급업체와의 구매계약 등이 모두 협상의 연속이기 때문이다. K사장은 이렇게 얘기했다.

"협상준비서로 요약하여 서류를 작성하게 되면 어떤 문제가 있는지 명확하게 설명이 됩니다. 종이 몇 장으로 전체 상황을 파악할 수 있어 의사결정에 큰 도움이 됩니다."

▶▶ NPT 작성의 실제: Biotech 협상 사례

사례를 기반으로 협상준비서를 작성해보도록 하자. 다음 내용은 실제로 일어난 이야기를 교육용으로 각색해본 것이다.

전라남도 나주의 S대학교 생명공학과에 근무하는 신개발 교수는 돼지의 심장을 세균 감염 없이 인간에게 이식하는 생명공학 기술을 개발했다. 신 교수는 학교 일정을 마치고 주말 시간을 이용해 개인 연구실에서 이 연구를 진행하고 있다. 그런데 기술을 실제로 사용하기 위해서는 아직 추가적인 연구가 필요하다. 추가 연구를 위해 그는 S대학교의 나규정 총장에게 연구비를 요청했다.

S대학으로서는 이러한 일이 처음 발생된 상황이다. 규칙을 중요시 여기는 나 총장은 이를 이유로 신 교수의 요청을 거절했다. 대학 규정상 교수가 대학에 재직하는 동안 얻은 직접적인 기술, 발명 등의 연구실적은 대학이 소유하게 되어 있다. 이 규정에 따르자면 신 교수는 즉시 자신의 연구 과정 및 결과를 대학에 넘겨야 한다. 그러면 대학은 그것을 기술 마케팅을 담당하는 부서에 넘기고, 그 부서

는 다시 프로젝트 개발을 담당하기 원하는 업체를 물색하게 된다.

신 교수는 화가 났다. 그도 그럴 것이 이번 연구는 개인 시간을 투자해서 이룬 것일 뿐만 아니라, 처음으로 요청한 연구비 지원이 완전하게 거절당했기 때문이다. 게다가 이제 대학교는 자신의 연구 결과로 돈을 벌려고까지 하고 있다. 신 교수는 자신의 연구를 대학 측에 넘기기를 거절했다. 마치 자신이 낳은 '아이'를 남에게 빼앗기는 듯한 기분이 들었다. 대학교의 입장 역시 강경했다. "제가 혼자 연구했으니 제 것입니다"라고 말하는 신 교수에게 나 총장은 "규정은 규정이니 학교가 소유해야 합니다. 예외는 없습니다"라고 반박했다.

이제 신개발 교수와 나규정 총장은 보다 나은 해결책을 찾기 위해 협상을 시작하려 한다. 만일 협상 타결이 3개월 이상 늦춰지면 비슷한 기술을 개발 중인 다른 대학에서 먼저 특허권을 등록할 수도 있다. 그럴 경우 양측은 모두 패배자가 된다.

한편 전라남도 도청은 신 교수의 기술을 계기 삼아 전라남도를 국내 생명공학의 중심지로 개발해 지역경제 활성화의 기반을 만들고자 한다. 그래서 대학에 빨리 합의를 하라고 압력을 넣고 있다. 또한 다른 대학들은 우수한 인력을 유치하기 위해 교수들의 재직 중 특허 개발에 대한 권리와 성과를 암묵적으로 인정하고 있다. 현재 신 교수는 재정 상황이 좋지 않다. 더군다나 대학교에 진학하는 딸이 있기 때문에 당장 큰 돈이 필요하다. 신 교수에게는 연구만큼이나 가정 생활도 중요하다.

자, 위의 내용을 기반으로 특허권 관련 협상에 대한 협상준비서를 다음과 같이 작성해보자. 구체적인 서술 내용은 사람마다 다를 수 있고 정답이란 없다. 하나의 예로 참조하기 바란다.

구분	신 교수	S대학
어젠다	발생될 특허권의 소유 연구비 지원(개인↔학교)	
요구	• 특허권 소유 • 연구비 지원	• 특허권 귀속 • 연구비 지원 불가
욕구	• 개인적인 경제적 이익 확보 • 주도적인 연구개발 • 명예 • 연구비(재정) 상황 개선	• 특허 이익 확보 • 학교 규정 준수 : 선례를 남김 • 학교의 명성을 높임
창의적 대안	• 특허권은 학교가 갖고, 발생되는 이익은 학교와 교수가 일정 비율로 배분 • 특허 소유권은 학교가 갖고, 특허 사용권은 일정 기간 교수가 갖는다. → 학교는 규정 준수, 교수는 경제적 이익 확보 • 교수는 특허권 매각 진행을 학교에 일임. 학교는 제3자(산학협력기술지주회사, 산학협력단, 민간기업 등)에 특허권을 매각하고 매각 이익 확보. 제3자와 개발자(교수)가 특허권과 수익금을 나누기로 합의 → 학교는 자금 조달(이익 확보), 교수는 수익 확보, 학교는 규정 준수 • 교수와 학교측이 특허권 공동 소유, 이익 배분	
숨은 욕구	• 자녀 대학 입학 지원 및 장학금 지급 • 새로운 연구에 대한 최고의 지원 제공 • 충분한 연구인력 지원	• 학교의 위상 강화로 유능한 교수풀 확보 • 다른 대학에 대한 특화된 경쟁적 우위 • 지역 경제발전의 핵심 역할 기여 • 다른 대학보다 먼저 기술의 실용화에 성공
협상의 기준	• 다른 학교의 관례 (개발기술 처리 규정)	• S대학의 규정, 관례
배트나	• 교수 사직(이직)	• 소송

앞의 NPT를 보면서 중요한 협상 포인트를 점검해보자.

'요구'에는 특허권 소유와 연구비 지원에 관련된 교수와 총장의 요구사항을 적었고 '욕구'에는 두 사람의 요구 밑에 있는 드러난 욕구를 기재했다. '창의적 대안'은 다양한 형태로 제시할 수 있는데 양측의 욕구를 충족시킬 수만 있다면 얼마든지 만들 수 있다.

'숨은 욕구'에는 상대방이 건드려주면 자신의 생각이 바뀔 수 있는 요소들을 나열했다. 예를 들어, 신 교수의 경우에는 학교가 충분한 연구비 지원을 약속하고 생명공학센터장 자리를 제의한다면 연구 특허권을 학교에 양도할 마음이 생길 수 있을 것이다. 또한 나 총장의 경우에는 이번 협상이 잘 진행되면 학교의 위상을 대내외에 높이고 우수 교수진을 확보할 수 있는 기회를 얻을 수 있을 것이다.

'기준'은 양측이 제시할 수 있는 각각의 기준을 말하는 것으로 학교는 내부규정을 들고 나올 것이다. 반면 신 교수는 다른 학교에서 암묵적으로 인정하는 관례를 얘기하며 자신의 주장을 뒷받침할 수 있다.

흥미로운 부분은 '배트나'이다. 신 교수에게는 협상 결렬 시 다른 대학이나 기업으로 이직할 수 있는 대안이 있다. 본인이 연구한 실적이 있고 혼자서 진행했기 때문에 머릿속에 연구 과정이나 결과물이 들어 있다. 타 대학이나 생명공학 기업에서는 쌍수를 들어 환영할 수도 있다. 물론 총장에게도 대안이 있다. 신 교수가 이직한다면 학교 규정 위반이라는 명목으로 연구 특허권을 두고 소송을 제기할 수 있다. 하지만 소송으로 인해 특허권 등록이 3개월 이상 지연된다면 타 대학에서 먼저 특허권을 등록할 수 있기 때문에 총장이 지닌 배트나가 강력하다고 보긴 어렵다. (학교가 가진 다른 잠재력을 활용한다면 다른 배트나를 찾을 수도 있고 새롭게 개발할 수도 있겠지만, 위에 나열된 협상준비서를 기초로 본다면 나 총장의 배트나는 신 교수에 비해 상대적으로 약하다.)

협상력은 지위에서 나오는 것이 아니다. 위 사례에서 나 총장의 협상력은 신 교수보다 약하다. 그 이유는 협상이 결렬될 경우를 생각해보면 알 수 있다. 연구개발능력을 지닌 신 교수는 타 대학이나 생명공학 기업으로 이직하면 그만이다. 특별히 잃을 것이 없다. 하지만 나 총장의 경우에는 잃을 것이 많다. 학교의 위상을 높일 수 있는 기회, 우수 연구교수 확보, 지역경제 발전에 기여할 수 있는 기회 등을 놓칠 수 있다.

이 사례가 주는 메시지는 협상력이란 지위가 높고 낮음과는 큰 상관이 없다는 점이다. 지위뿐만이 아니다. 기업 규모, 성별, 나이, 국력과도 크게 상관이 없다. 권력이나 금력, 물리적인 힘과는 별개다. 어떤 위치에 있든 협상력은 처해 있는 '상황'에 의해 좌우된다는 것을 잊지 말자. 그 '상황'이란, 누가 정보를 많이 가지고 있느냐, 누가 시간에 쫓기고 있느냐, 누가 절박하냐, 누가 더 좋은 배트나를 가지고 있느냐를 의미한다. 협상가가 처한 상황에 따라 협상력도 같이 변하는 법이다.

▶▶ 협상 준비의 마침표, 모의협상

협상 준비 단계에서 많은 시간을 할애하게 되는 부분이 정보 수집이다. 그런데 노련한 협상가는 정보를 수집하는 데 그치지 않고 한 단계 더 나아가 정보를 실제로 적용해보는 리허설(rehearsal), 즉 모의협상에 더 많은 시간을 할애한다. 모의협상이 중요한 이유는 이를 진행하는 과정에서 자신감을 얻고 협상력을 키울 수 있는 것은 기본이요, 생각지 못했던 문제점이나 어려움을 찾아내 협상 전에 대응방안을 모색할 수 있기 때문이다.

모의협상은 다음과 같은 순서로 진행하면 효과적이다.

① 협상팀을 두 팀으로 나누고 각 팀에 시나리오를 나누어 준다. 각 팀은 자신들이 주장할 내용과 함께 상대방의 예상 답변과 반론도 준비한다. 상대를 효과적으로 설득하기 위해 파워포인트나 플립차트 등 시각자료도 만든다.

② 참관자를 배석시켜 모의협상을 진행한다. 누가 무엇을 어떻게 말할 것인지, 어떤 순서로 진행할 것인지 팀원 각자의 역할을 정해 실제 협상에 임하는 자세로 충실히 진행한다. 요구사항을 드러낼 때는 큰 소리로 자신감 있게 이야기하되 시나리오나 시각자료를 적절히 활용한다. 질문할 때는 상대방의 반응을 예측해보고 가능한 한 구체적으로 묻는다. 한편 답변할 때는 상대방의 요구사항과 욕구는 무엇인지, 어떻게 반응하는 것이 적절한지 구체적으로 생각하면서 연습해본다.

③ 모의협상이 끝나면 참관자와 함께 피드백 시간을 가진다. 진행 과정에서 매끄럽지 않았던 부분, 주장을 드러내고 상대를 설득하는 데 있어 부족한 면은 무엇이었는지 조언을 듣도록 한다.

④ 각 팀은 지적받은 부분에 대해 시나리오와 자료를 다시 수정한다. 내부 전략회의를 열어 더 나은 결과를 얻기 위해 전략에 변

협상 준비는 '모의협상'으로 완결될 수 있다. 상대팀을 가정하고 모의협상을 하다 보면
다양한 상황에 유연하게 대처할 수 있는 협상력을 키울 수 있다.

화를 준다.

⑤ 전략회의가 끝나면 2차 모의협상을 시작한다. 참관인은 양측을
지켜보면서 잘못된 부분을 기억해두었다가 피드백 시간에 이를
활용한다.

모의협상이 끝나고 나면 모두 한자리에 모여 쌍방향 피드백 과
정을 반드시 거쳐야 한다. 이런 과정을 통해 실제 협상에서는 어떻
게 대응해야 할지 머리와 몸으로 익힐 수 있다.

모의협상 진행 시 기본적으로 지켜야 할 룰은 두 가지다. 첫째,
시간을 엄수해야 한다. 일정 시간을 정해두고 각 팀이 그 시간 안에
준비해야 몰입할 수 있다. 둘째, 협상팀 모두가 전체 과정에 적극적
으로 임해야 한다. 서로 잘 아는 동료들이라서 간혹 건성으로 임하
거나 한두 사람만 진지하게 참여할 수도 있다. 따라서 각 팀의 리더
는 전체 분위기가 엉뚱한 곳으로 흐르지 않도록 이끌어야 한다.

☑ '협상에서 준비에 실패하면 실패를 준비하는 것과 같다'라는 말이 있을 정도로 협상에 임하기 전 준비는 중요하다. 협상에서 대부분의 실수는 협상 시작 전에 발생한다. 그리고 이런 실수는 '잘못된 준비'가 아니라 '준비 부족'에서 나온다.

☑ 노련한 협상가들은 협상 시작 전부터 준비한다. 상대방의 관심사는 무엇인지, 원하는 반대급부는 무엇인지, 데드라인은 언제까지인지 조사하고 확인한다. 사전 준비를 얼마나 치밀하게 했느냐에 따라 협상력은 달라진다.

☑ 협상 준비 단계에서 상대의 기대치가 현실과 차이가 있음을 알았다면, 그대로 간과하지 말고 상대의 인식을 바로잡을 수 있는 정보를 미리 공유하는 것이 좋다. 실제 협상에서 그 차이가 드러나 협상이 어려워질 수 있기 때문이다.

☑ 협상 전에 협상의 모든 이슈와 그 밑에 숨어 있는 중요 요소들을 가능한 한 많이 조사해야 한다. 이때 정보의 양보다 중요한 것은 상대의 의사결정에 영향을 미치는 요소들, 선택권과 대안 등을 파악하는 것이다.

☑ 철저한 준비가 협상에 미치는 긍정적인 면은 세 가지로 요약할 수 있다. 첫째, 자신감을 심어준다. 둘째, 내부의 적을 없앨 수 있다. 셋째, 논리에 빈틈이 없어지고 협상이 정교해진다.

☑ 협상 전에 협상준비서(Negotiation Preparation Table, NPT)를 준비하면 큰 도움이 된다.

☑ 협상력이란 지위, 성별, 나이, 기업규모 등과 크게 상관이 없다. 협상력은 협상가의 위치나 지위 등이 아니라 상황에 의해 좌우되기 마련이다. 그 '상황'이란 누가 정보를 많이 가지고 있느냐, 누가 시간에 쫓기고 있느냐, 누가 절박하냐, 누가 더 좋은 배트나를 가지고 있느냐를 의미한다. 협상가가 처한 상황에 따라 협상력도 같이 변하는 법이다.

☑ 협상 준비는 리허설(모의협상)로 끝내야 협상의 성공률을 높일 수 있다. 노련한 협상가는 정보를 수집하고 분석하는 데 그치지 않고, 한 단계 더 나아가 정보를 적용하는 모의협상에 더 많은 시간을 할애한다. 모의협상이 중요한 이유는 이를 통해 자신감을 얻고 협상력을 키울 수 있는 것은 기본이요, 생각지 못했던 문제점이나 어려움을 찾아내 협상 전에 대응방안을 모색할 수 있기 때문이다.

Part 3에서는 실전 협상에서 적용해볼 수 있는 내용들을 담았다. 상대의 심리를 이용해 활용할 수 있는 협상 전술들을 소개하고, 이러한 전술들이 실제 협상에서 어떻게 쓰였는지 살펴본다. 아울러 협상의 시작과 진행, 마무리 단계를 돌아보며 노련한 협상가로 거듭나기 위해 습득해야 할 사항들을 정리했다.

Part 3

협상테이블을 장악하라

Chapter 7

때로는 논리보다 감정이 먼저다

▶ 결국 협상은 인간관계다

경기도 양평에서 교량공사를 겨우 끝낸 A건설회사 안철두 사장은
화가 무지하게 났다. 컨소시엄 파트너인 B건설사에서 공사대금 정산
금을 50:50으로 나누자고 요구했기 때문이다. 물론 계약서상으로
따지자면 그 말도 맞다. 하지만 B사는 일을 제대로 하지 않았다. 제
때 인력을 투입하지 않았고 공사 기일도 맞추지 못해 부득이 A사가
이를 메우기 위해 장비를 추가로 투입하는 등 투입자금이 훨씬 많이
들었다. 현장의 자사 직원들이 매일 불평을 늘어놓았지만 공사 기한
에 쫓긴 안 사장은 그때마다 직원들을 달래가면서 일을 겨우 끝냈
다. 상대 회사 박대충 사장에게 협조를 요청하기도 했지만 그럴 때
마다 상대는 능장 피우기 일쑤였다. 이런 식으로 하면 공사대금 정
산 시 투입금액만큼 삭감하겠다고 여러 차례 얘기해도 태도에 변화
가 없었다.

발주처로부터 드디어 공사잔금 20억이 입금됐다. A사에서 인건

비, 자재비, 장비임대료, 기타 관리비 등 총 소요비용을 계산한 결과 지금까지 공사에 투입된 실제 금액에서 자사 비용이 80%, B사의 투입비용이 20% 정도 되었다. 안사장은 공사비 투입 내역을 엑셀시트에 표시한 다음 B사 박대충 사장과 공사대금 분배협상을 시작했다. 객관적인 자료를 제시하면 상대도 수긍할 것으로 생각했다.

A사 안 사장: 인건비, 자재비, 장비임대료, 기타 관리비 등 총 소요비용을 계산한 결과 지금까지 공사에 투입된 실제 금액에서 저희 회사가 투입한 비용이 80%, B사의 투입비용이 20% 정도입니다. 전에 말씀드린 대로 공사대금은 투입금액만큼 삭감하고 지불하겠습니다.

B사 박 사장: 무슨 소리입니까? 기한이 좀 지연되긴 했지만 일을 성공적으로 마무리했고 발주처로부터 공사대금 전액을 받지 않으셨습니까. 계약서대로 50% 지불해주십시오. 굳이 양보한다면 40%까지 수용하겠습니다.

협상은 교착 상태에 들어갔고 두 회사의 직원들까지 서로 반목하기 시작했다. 아무리 논리적으로 설득해봤자 소용이 없다고 생각한 A사의 안 사장은 법원의 판단에 맡기기로 결심했다. 자존심 강한 두 사장이 한 치 양보도 없이 팽팽하게 맞서는 바람에 소송은 몇 개월째 이어졌다. 안 사장은 이번 사건을 통해 B사가 부실공사를 한다는 사실을 업계에 알리고 싶었고, 박 사장은 자신들의 잘못이 법원에 의해 인정되는 것을 피하고 싶었다.

그러던 어느 날, 안 사장의 모친이 돌아가셨다. 둘도 없는 효자였던 안 사장은 하늘이 무너지는 것 같은 슬픔에 빠졌다. 하던 일을 중단하고 고향인 하동으로 내려가 빈소를 지켰다. 이 소식을 접한 박대충 사장은 잠시 침묵하더니 그 길로 하동의 장례식장을 찾았다. 아무리 법정에서 싸우고 있는 사이라고 해도 그냥 넘어가서는 안 될 것 같았다. 작년에 돌아가신 모친 생각이 떠올랐기 때문이었다.

B사 박 사장: 얼마나 상심이 크십니까? 지병이라도 앓으셨나요?
A사 안 사장: (당황하며) 아, 네. 3년 넘게 폐암으로 고생하시다가 돌아가셨습니다.
B사 박 사장: (똑같이 폐암으로 돌아가신 자신의 어머니가 떠올라 울먹이며) 저도 어머니의 고통스러워하는 모습을 보면서 너무나도 힘들었습니다.

박 사장은 도저히 발걸음이 떨어지지 않아 계속 술을 마시면서 장례식장을 지켰고 발인할 때도 장지까지 따라가서 추모의 예를 다했다. 며칠 후 박 사장은 안 사장에게서 전화를 받았다. 안 사장은 더 이상 불필요한 소송은 계속하지 말자며 전체 20억원 중 박 사장이 요구한 40%를 전액 주겠다고 말했다. 박 사장은 왠지 미안한 마음에 그렇게까지 하지 않아도 된다고 한발 물러섰다. 하지만 안 사장은 모친 장례에 크게 마음을 써준 것에 대한 보답이니 받아주면 좋겠다고 말했다. 그 후 두 회사의 관계는 급속도로 호전됐다. 공동으로 또 다른 공사를 수주했고 서로 호흡을 잘 맞춰 성공적으로 마무리했다.

협상테이블에서 상대는 언제나 당신과 다른 주장을 한다. 다른 생각과 논리를 갖고 있는 상대를 자료나 데이터만으로 설득하기에는 한계가 따를 때가 있다. 객관적인 자료라고 해도 각자 해석이 다르니 충돌이 생길 수밖에 없다. 특히 '돈'이 걸린 경우에는 더하다. 합리적인 방법으로 해결될 일도 맞부딪치다 보면 결국 자존심 싸움으로 번지기 마련이다. 이처럼 논리만으로 풀 수 없는 협상의 실마리는 서로 간의 감정, 인간관계에서 찾을 수 있다. 위 사례에서 그어떤 합리적인 논리에도 움직이지 않던 안 사장과 박 사장의 마음도 '어머니'라는 공통분모 앞에서 봄눈 녹듯이 일시에 녹아내렸다.

▶ '친밀감'으로 상대에게 다가가라

좋은 인간관계와 좋은 감정을 쌓는 데 작용하는 핵심 요소로 다섯 가지를 들 수 있다. 그중 첫 번째는 '친밀감'이다. 협상은 이해관계를 해결하려는 과정이다. 가능하다면 적은 시간과 노력, 자원을 들여 해결하는 것이 바람직한데 이는 상대와 당신이 함께 노력할 때 이룰 수 있다. 상대가 가진 지적·물적 능력과 이해력이 당신의 능력과 합쳐지면 서로 만족하는 성과를 낼 수 있다. 그런데 함께 노력하려면 친밀감이 필요하다. 친밀감은 '심적 거리'가 가깝다는 의미이며, '친하다'는 것은 곧 익숙하다는 의미와 유사하다. 익숙함은 낯선 상대로부터 오는 불확실성이나 두려움을 감소시키는 효과가 있다. 친한 사이라면 자신만을 위하는 이기심에서 벗어나 상대의 제안을 거부감 없이 받아들이게 되고 자신의 마음을 바꾸는 데도 훨씬 개방적인 태도를 취하게 된다. 상대에게 정직하게 다가서고 서로에게 이익이 되는 합의사항을 모색하여 충실히 이행할 가능성이 높아지는 것이다.

친밀감은 서로 간에 비슷한 점을 발견했을 때, 서로가 동일한 집단에 속해 있다고 느낄 때 생겨난다. 따라서 협상테이블에서 상대와 처음 마주했을 때는 비슷한 연결고리를 찾거나 새로운 연결고리를 이끌어내면서 대화 분위기를 편안하고 자연스럽게 유도하는 것이 좋다. 연결고리는 취미일 수도 있고 학연, 혈연, 지연 때로는 공통으로 느끼고 있는 페인포인트(pain point, 고민점)가 될 수도 있다.

- **가족**: 아이들은 몇 살이에요? 입시 때문에 요즘 신경 쓸 일이 많으시겠네요.
- **배경**: 고향은 어디신가요? 학교를 미국에서 다니셨다고 들었는데 저도 그렇습니다.
- **나이**: 우리 학교 다닐 때는 그렇지 않았는데, 많이 바뀌었죠.
- **직위**: 저희 본부장님은 주말에도 업무 지시를 하십니다. 거기도 그러신가요?
- **업무상 고충**: 그렇죠, 고객관리 프로세스 부분에서 어떻게 효율성을 높일 수 있을지 저희 부서는 늘 고민입니다.
- **취미**: 카톡 사진에 캠핑장에서 찍은 사진을 올리셨던데, 캠핑 좋아하시나 봐요. 저도 주말마다 애들 데리고 캠핑을 다녀요. 이번 주에는 축령산에 가려고 합니다.

이성적이고 합리적인 사고가 우선되어야 할 비즈니스 협상에서도
사람과 사람 사이의 '감정'이 큰 영향을 미칠 때가 많다.
감정은 때로 논리를 뛰어넘어 협상의 돌파구를 찾아준다.

이런 요소를 통해 상대와의 공통점을 연결해 친밀감을 형성하되 감정적으로 적절한 거리 두기도 때로는 필요하다. 협상가들 사이에 최상의 감정적인 거리는 한마디로 '불가원 불가근(不可遠 不可近)'이라고 표현할 수 있다. 너무 멀지도 너무 가깝지도 않은 관계가 바람직하다. 비즈니스를 위해서 가까이 하는 것이 좋지만 너무 친하게 되면 감정적인 부담감이 생길 수 있기 때문이다.

▶ '공감'으로 상대의 마음을 열어라

좋은 인간관계와 좋은 감정을 쌓는 데 작용하는 두 번째 핵심 요소는 '공감'이다. 협상에서 당신의 뜻이나 의도가 상대에게 잘 받아들여지려면 먼저 상대의 마음이 열려야 한다. 상대의 마음을 열기 위해 가장 먼저 취할 수 있는 행동은 바로 그의 말에 귀 기울여주는 것이다. 노련한 협상가들은 달변가이기 이전에 상대의 얘기를 경청하고 공감해주는 이들이다. 자신의 얘기를 건성으로 듣고 영혼 없이 대꾸하는 게 아니라 진지하게 듣고 맞장구쳐주는 상대에게 어느누가 마음의 문을 굳게 닫고 있겠는가.

"아, 그런 일이 있으셨군요. 정말 속상하셨겠네요."
"와, 대단하시네요. 저도 똑같은 상황을 겪은 적이 있는데 그렇게 신속히 결정하지 못했습니다."

대화는 말로써 감성을 공유하는 것이다. 위와 같이 적절한 추임새로 공감을 표현하면 상대의 마음을 열고 대화를 이어가는 데 도움이 된다. 상대의 말을 중간에 끊지 않는 것은 대화의 기본 매너다. 말꼬리를 자르는 것은 상대의 감정을 더 이상 공유하지 않겠다는 의미다. 대화는 논리보다는 감성이 지배한다. 논리에서 이기고 감성에서 지는 것은 대화의 기술이 부족한 탓이다. 협상테이블에서 논리로만 밀어붙이면 상대의 자존심을 상하게 하고 때로는 치욕감을 줄 수 있다.

▶▶ 요구는 받아들일 수 없더라도 욕구에는 공감하라

그런데 간혹 상대의 얘기가 '자신이 원하는 방향'과 전혀 다른데 어떻게 공감할 수 있느냐고 반문하는 이들이 있다. 이는 공감의 의미를 잘못 이해한 경우이다. 공감이 곧 동의를 의미하는 것은 아니다.

즉 "나는 당신의 제안을 수락하겠습니다"라고 하거나 "당신의 주장에 동의합니다"라고 말하는 것과 공감하는 것은 별개다. 공감은 상대의 요구를 수용하는 것이 아니라 상대의 감정을 인정하는 것이다.

협상을 원활히 이끌어가려면 상대의 요구를 받아들일 수 없더라도 욕구에는 공감해야 한다. 영업담당자와 구매담당자 간의 대화를 살펴보자.

A사 구매담당자: 네, 다 좋은데 가격이 부담스럽네요.

B사 영업담당자: 아, 이거 비싼 거 아닙니다. 팀장님께서 제품 기능만 아시고 시세는 잘 모르시는 것 같네요. 1,000만원 밑으로는 불가합니다.

A사 구매담당자: 그래요? 알겠습니다. 그럼 다른 업체의 제품도 살펴보고 추후에 연락드리겠습니다.

어설픈 영업담당자는 이처럼 가격에 고집을 피우기에 바쁘다. 그러나 노련한 영업담당자라면 동일한 뜻을 전달하더라도 표현을 달리할 것이다.

A사 구매담당자: 네, 다 좋은데 가격이 부담스럽네요.

C사 영업담당자: 아, 네. 저희 제품이 상대적으로 가격이 높다고 느끼시는 것은 충분히 이해합니다. 구매하시는 입장에서 원가 절감은 당연하다고 생각하고요. 그런데 품질 면에서 비교해보시면 내구성이 월등히 뛰어나고 고장률이 낮습니다. 디자인도 우수하고요. 귀사와 동종 업체인 H사의 경우도 지난해부터 저

희 제품을 사용하고 있습니다.

A사 구매담당자: 네, 알겠습니다. 들어가서 상무님께 보고하고 연락드리겠습니다.

B사와 C사의 영업담당자 모두 가격 조정이라는 A사 구매담당자의 요구사항을 받아들이지 않았다는 면에서는 동일하다. 그러나 C사의 영업담당자는 가격 조정을 요구하는 상대의 이유와 배경에 대해 공감함으로써 협상의 여지를 남겼다. 따라서 C사 영업담당자와 대화한 구매담당자는 상사에게 해당 제품의 장점을 알리고 계약을 성사시키려 할 가능성이 크다. 반면 B사 영업담당자의 일방적인 태도에 기분이 상한 구매담당자는 아마도 다른 업체를 찾아보려 할 것이다.

▶ 인정받고 싶으면 먼저 '인정'하라

좋은 인간관계와 좋은 감정을 쌓는 데 작용하는 세 번째 핵심 요소는 '인정'이다. 인정받고 싶은 마음은 인간의 기본 욕구다. 돈이나 권력, 명예를 추구하는 사람의 마음속 밑바닥에는 결국 인정받고 싶은 욕구가 깔려 있다. 누구나 자신의 가치를 인정해주는 상대에게 마음을 열기 마련이다. 상대방에게 어떤 제안을 할 때도 '인정 욕구'를 자극하면 승낙을 받아낼 확률이 훨씬 높아진다. 간단한 예로 친구에게 노트를 빌려달라고 할 때도 "노트 좀 빌려줘"라고 무심히 말하기보다는 "모범생 노트의 도움을 좀 받고 싶은데?"라고 덧붙이면 기분이 좋아진 친구가 노트를 내줄 확률이 높다. 인정의 반대는 곧 무시로, 이는 의사소통의 통로를 막아버린다. 사람은 무시당한다는 생각이 드는 순간 마음의 문을 닫는다.

▶▶ 골치 아픈 노사분규

협상테이블에서는 상대의 노고와 경험을 인정하는 것은 물론이요, 그의 숨은 욕구를 파악해 인정해주려 노력해야 한다. 좀처럼 타결 방안이 보이지 않던 노사분규를 이러한 협상 자세로 해결한 사례를 살펴보자.

조선기자재를 생산하는 김해의 모 중소기업체 장명훈 사장은 가뜩이나 조선경기가 침체되고 매출이 정체되어 가슴이 답답한 마당에 노사분규로 3개월째 골머리를 앓고 있었다. 노조는 물가는 계속 오르는데 지난 몇 년간 임금이 동결되었다며 일괄적으로 10% 인상을 요구했다. 그러나 회사 입장에서는 매출이 늘어나지도 않고 중국업체들의 공세가 점점 거세지고 있으니 임금을 인상해주기가 어려운 실정이었다. 노조는 회사의 경영성과가 개선될 때까지 참을 만큼 참았다며 맞섰다. 노조에는 강성 노조원들이 득세하고 있어 경영진들과 사사건건 감정이 충돌하였고 3개월째 잔업거부, 조업단축 등 생산에 차질을 빚고 있었다. 장 사장은 이런 식이라면 공장 문을 닫겠다며 노조를 압박했지만 소용없었다.

이렇게 노사가 팽팽하게 맞서고 있는 상황에서는 어떻게 문제의 실마리를 풀 수 있을까? 경영진의 노력을 인정해주지 않는 노조원들의 태도에 화가 나고 서운함을 느끼던 장 사장은 문득 자신 역시 노조원들, 즉 직원들의 노고를 먼저 인정해주지 않고 몰아붙이기만 했다는 사실을 깨달았다. 모든 사람의 마음속에 내재되어 있는 인정의 욕구를 자신이 간과했다는 사실에 착안하게 된 것이다. 다시 협상테이블에 앉은 그는 가장 먼저 노조원들에게 지금까지 회사를 위해 수고해준 점에 감사를 표했다. 그런 다음 현재의 상황이 힘들지 않은지, 어떤 것이 가장 힘든지 등을 물어보았다. 그러자 노조 지도부는 무척 힘들다고 토로하면서 경영진에 대한 불만을 털어놓았다.

장 사장은 노조원들의 이야기에 귀 기울이며 공감을 표시했다. "아, 그런 일이 있었군요. 그런 상황을 들어 알고는 있었지만 이 정도인 줄은 몰랐습니다."

경영진의 고충을 토로하거나 이해를 구하지 않고 먼저 그들이 마음껏 얘기할 수 있게 충분한 시간을 할애했다. 자신들의 노고와 가치를 인정해주고 의견을 물어보는 장 사장의 태도에 진심이 느껴졌는지 노조원들은 처음의 강경한 자세를 조금씩 낮추기 시작했다. 노조원들의 마음의 문이 열리는 것을 느낀 장 사장은 그동안 공개하지 않았던 경영성과 내역을 낱낱이 공개했다. 제조원가와 일반관리비, 영업이익 등 직원들이 관심을 가질 만한 내용을 숨김없이 털어놓았다. 고객의 요구와 경쟁사들의 움직임까지 현재 회사가 처한 상황을 솔직하게 밝혔다. 그런 다음 만약 노조 요구대로 임금을 10% 올릴 경우 원가에 미치는 영향이 어떠한지 시뮬레이션 기법을 이용해 보여주었다. 그리고 제조공정을 혁신하여 원가절감을 할 수 있다면 임금인상이 불가능한 것은 아니라고 덧붙였다.

장 사장은 관리부장에게 일임하지 않고 자신이 직접 나서서 노조와 대화했다. 여러 차례 거듭된 노사 간 회의는 차츰 효과가 나타나기 시작했다. 결국 노사 모두 조금씩 양보하는 것이 서로에게 도움이 되는 길이라는 점을 인식하게 되었고, 임금인상은 분기별 성과에 따라 결정하게 되었다. 이후 회사의 분위기는 확연히 달라졌다. 노사 간에 형성된 신뢰를 바탕으로 원가절감, 신기술개발에 집중하여 경영위기 상황도 해결해나갈 수 있었다. 노사분규의 위기를 오히려 회생의 기회로 전환할 수 있었던 것이다.

▶▶ 결국 사람의 문제다

사람이란 본래 자신의 말에 귀 기울여 주고 의견을 물어봐주는 사람, 더 나아가 자신의 가치를 인정해주는 사람에게 우호적으로 반응하기 마련이다. 위의 노사분규 사례에서 갈등을 풀기 위해 장 사장이 취한 방법은 세 가지였다. 첫째 노조원들의 가치를 인정해주고 그들에게 인간적으로 다가갔다. 둘째, 회사의 경영상황을 숨김없이 투명하게 공개했다. 셋째, 상황을 복잡하게 만들지 않았다. 제3의 세력(정부, 지자체, 노조 상위세력 등)을 끌어들이지 않고 본인이 직접 나섰다.

서로에게 진정으로 도움이 되는 협상을 이끌어내고 싶다면 상대방이 밉더라도 인간적으로 이해하려고 노력해야 한다. 그리고 어떤 협상이든 당신이 가장 덜 중요한 사람이라는 점을 기억해야 한다. 가장 중요한 사람은 바로 상대방이다. 그렇기 때문에 언제나 상대방의 머릿속을 그려야 한다. 무얼 생각하고 있는지, 무엇을 원하는지, 어떤 감정적인 상태에 있는지를 파악하기 위해 상대방에게 초점을 맞추어야 한다.

그런데 '인정'이라는 이토록 좋은 수단을 우리는 왜 협상에서 제대로 활용하지 못할까? 협상테이블에서 상대에 대한 인정을 방해하는 다음의 세 가지 태도를 유의하자.

- **자기 주장에만 몰입하는 태도**: 설득해야 한다는 생각에 꽂혀 상대가 얘기할 때조차 본인이 전달하려는 것에만 집중한다. 상대의 말을 경청하지 않고 자신의 논리에만 집중하면 협상의 타결점을 찾을 수 없다.

- **상대 의견에 비난만 퍼붓는 태도**: 협상테이블에서 원하는 것을 얻으려면 상대 의견에서 약점을 잡아내 몰아붙여야 한다고 생각한다. 물론 때로는 상대를 압박해야 할 때도 있다. 하지만 그것은 약점을 잡아내 비난한다는 관점이 아니라 상대가 납득할 만한 합리적 기준을 바탕으로 설득한다는 관점에서 행해야 한다. 그리고 압박 이전에 인정과 공감이 선행되어야 한다.

- **상대의 장점을 인정하지 않는 태도**: 상대의 제안이나 아이디어에 분명히 장점이 있는데도, 그것을 인정한다는 것은 자신의 주장을 굽히거나 포기하는 것이라고 생각한다. 그러나 협상에서 상대의 장점을 인정하는 것은 창의적 대안을 마련할 수 있는 기회가 될 수 있다.

협상에서 서로의 주장이 팽팽히 맞서고 합의점을 찾을 수 없을 때, 우리에게 필요한 자세는 상대편의 처지나 입장에서 먼저 생각해보고 이해하는 역지사지의 자세다. 이는 비즈니스 협상에서는 물론이고 가족, 친구, 동료 사이에도 꼭 필요하다. 특히 감정적인 이해관계자를 상대로 원활한 커뮤니케이션을 하려면 반드시 갖춰야 할 마인드이다.

역지사지와 관련된 간단한 사례를 보자. 어느 기업의 직원이 사장이 내린 결정에 불만을 품고 사장실을 방문했다. 직원의 불만을 조용히 듣던 사장은 자리에서 일어나 그에게 자신의 의자에 앉아보라고 했다. 영문을 모르고 자리에 앉은 직원에게 사장은 조금 전에 불만을 표했던 그 결정을 사장의 자리에서 다시 한 번 생각해보라고 했다. 한동안 그 자리에서 생각에 잠겼던 사원은 고개를 끄덕이며 사장실을 나왔다고 한다.

자신의 위치에서 벗어나 상대의 자리에서 문제를 들여다볼 때 그동안 보지 못했던 문제점들이 보이게 된다. 낚싯대에 공을 들인 낚시꾼보다는 물고기가 좋아할 만한 미끼에 공을 들인 낚시꾼이 고기를 더 많이 낚는 법이다. 물고기 입장에서 생각할 줄 아는 역지사지의 자세가 필요하다.

▶ 상대의 '자율성'을 인정하라

좋은 인간관계와 좋은 감정을 쌓는 데 작용하는 네 번째 핵심 요소
는 '자율성'이다. 서로가 만족하는 협상 결과를 이끌어내기 위해서
는 상대의 자율성을 인정해주어야 한다. 공부하러 자기 방으로 들
어가는 아이에게 엄마가 큰소리로 "순돌아! 공부 좀 해라!"라고 외
치면 그 아이의 기분이 어떨까? 열심히 공부할 마음이 싹 사라질 수
도 있다. 그 이유는 엄마가 아이의 자기 결정권(self-determination)
을 침범했기 때문이다. 협상에서도 이 원리는 적용된다. 상대에게 이
래라저래라 요구하기보다는 상대가 스스로 결정을 내릴 수 있도록
유도할 때 당신의 의견은 훨씬 강한 설득력을 지닐 수 있다.

▶▶ 협상의 결정 과정에 상대를 참여시켜라

자신의 자율성이 무시되었다고 느낄 때 사람의 마음속에 어떤 변화
가 일어나는지 다음 사례로 살펴보자. 얼마 전 우리 부부는 장모님
생신을 축하하러 가는 길에 꽃집에 들렀다. 꽃을 좋아하시는 장모님
을 위해 장미, 백합, 안개꽃 등을 두루두루 사다 보니 1만 8,000원
이 되었다. 그런데 꽃집 주인이 오늘은 2만원 이상 사는 고객에게 장
미 10송이 한 다발을 덤으로 준다고 하지 않는가. 왠 횡재냐 싶어
나는 아내에게 꽃을 조금 더 사서 장미꽃 10송이 한 다발을 무료로
받자고 제안했다. 아내도 흔쾌히 동의를 했다. 아내는 꽃다발을 들

고 나갔고 나는 계산을 치뤘다. 그런데 주차장으로 가자 아내의 절친인 여고 동창생이 장미 한 다발을 들고 있는 게 아닌가. 아내가 친구에게 장미 한 다발을 준 것이다. 나는 웃으면서 "잘 했어"라고 말했지만 실은 속으로 기분이 언짢았다.

자동차를 몰고 가면서 내 기분이 왜 좋지 않은지 생각해보았다. 속 좁은 인간이라서 그런가? 아니다. 아내가 미리 내게 물어봤다면 나도 그 친구에게 꽃을 주는 데 동의했을 것이다. 하지만 아내는 내게 한마디도 상의하지 않았다. 더군다나 꽃을 좀 더 사서 장미 한 다발을 무료로 받자고 한 것은 나의 아이디어가 아니었던가! 결국 내가 기분이 상했던 것은 나의 조그만 자율성이 침해되었다고 느꼈기 때문이었다.

대부분의 사람들은 일상에서 이처럼 사소한 일로 기분이 상한다. 협상에서도 무심히 던진 말이나 사소한 행위가 자칫 상대에게 자신의 자율성을 인정하지 않는 태도로 받아들여지는 것은 아닌지 주의해야 한다. 상대가 마음대로 협상 장소와 시간을 정한다든지, 협상 어젠다를 한마디 상의 없이 바꾼다면 기분 좋을 사람은 없을 것이다. 설사 그 결정이 스스로 판단했을 때 잘된 결정이라고 하더라도 자신의 의견이 배제된 채 일방적으로 내려졌다면 기분이 상하게 된다. 협상에서 서로의 감정을 상하게 만드는 것은 결정의 '내용'이 아니라 '과정'이다. 결정 과정에서 배제되었을 때 갖게 되는 불쾌감은 결국 협상 결과에 좋지 않은 영향을 미친다.

결정을 내리기 전에 상대와 상의하면 세 가지 이점이 있다. 첫째, 상대가 의사결정에 참여하고 있다고 느껴 협상에 협조적으로 임하게 된다. 둘째, 의사소통을 통해 생각지 못했던 해결책을 공통으로 도출할 수 있다. 셋째, 그럼에도 여전히 상대의 의견이 마음에 들지 않는다면 그때 거부할 수도 있다. 즉 상의한다고 해서 상대에게 결정권을 주는 것이 아니라 결정과 관련된 정보를 주는 것뿐이다.

▶ '신뢰'로 굳건한 파트너십을 형성하라

좋은 인간관계와 좋은 감정을 쌓는 데 작용하는 다섯 번째 핵심 요소는 '신뢰'이다. 신뢰는 협상에 결정적인 영향을 미치는 궁극적인 요소이기도 하다. 협상테이블에 마주 앉은 상대가 당신을 속이거나 기만한 사실을 알게 된다면 협상을 지속할 필요가 없다. 자신이 했던 말을 뒤집고 번복하는 상대에게 기대할 수 있는 것은 아무것도 없다. 또한 당신이 아무리 치밀하게 협상을 준비하고 좋은 전략을 세웠다 하더라도 상대가 당신을 신뢰하지 않는다면 협상은 성사되기 힘들다.

반면 상대에 대한 신뢰가 굳건하게 형성되어 있다면, 만남의 횟수가 적거나 각자가 원하는 것이 다르더라도 신뢰를 바탕으로 갈등 사안을 조정하고 협상을 성사시킬 수 있다. 장기적으로 서로의 욕구를 충족시킬 수 있는 창의적 대안을 이끌어낼 수 있으며 지속적으로 파트너 관계를 이어갈 수 있다. 또한 신뢰가 형성된 사이라면 서로 속내나 꿍꿍이를 파악하려 애쓰지 않아도 되고 특정 사안에 대해 평가하거나 시험할 필요가 없다. 신뢰할 수 없는 상대와 협상을 할 때 소비하게 되는 시간적 물리적 에너지를 줄이고 긍정적으로 활용할 수 있다.

그렇다면 신뢰 관계는 어떻게 형성할 수 있을까? 협상에서 상대에게 신뢰를 얻기 위해 갖추어야 할 기본적인 태도는 다음과 같다.

- **솔직하게 말하기** : 있는 그대로 팩트 위주로 말해야 한다. 자신의 협상력을 끌어올리기 위해 숫자를 왜곡하거나 과장된 표현을 쓰는 행위는 삼가는 것이 좋다. 상대에게 어떤 제안이나 약속을 할 때는 진실성을 담아 건네야 한다.

- **약속 지키기** : 약속을 지키는 것은 상대방에게 신뢰를 얻을 수 있는 가장 빠른 방법이다. "약속을 할 때 희망을 쌓고 약속을 지킬 때 신뢰를 쌓는다"라고 했다. 무엇을 할 것인지 상대에게 밝혔다면 그대로 행동해 언행일치를 보여야 한다. 신중하게 약속하고 비록 어렵더라도 자신의 역할을 다하겠다는 모습을 보여줄 때 상대는 당신을 믿고 따르게 된다.

- **먼저 신뢰하기** : 신뢰는 상호작용이다. 당신이 상대를 신뢰할 때 그 역시 당신에게 신뢰를 보낸다. 서로 간에 신뢰가 없을 때 신뢰를 쌓을 수 있는 좋은 방법은 아이러니하게도 먼저 신뢰를 보내는 것이다.

▶▶ 신뢰가 빚어낸 협상의 성공

지난 2016년 8월, 중국의 알리바바 주식이 뉴욕 증권거래소에 상장되었다. 일본 소프트뱅크의 손정의 회장은 알리바바 지분 34.4%를 보유한 최대주주로 그가 보유한 지분의 가치를 계산하면 578억 달러에 이른다. 놀라운 사실은 1999년 소프트뱅크가 알리바바에 처음으로 투자했던 금액은 겨우 2,000만 달러에 불과했다는 것이다. 거의 3,000배에 달하는 수익이 발생한 것인데, 더 놀라운 사실은 이 지분투자 협상에 걸린 시간이 불과 6분이었다는 것이다.

창업 초기 외부자금 수혈이 절실했던 알리바바의 마윈 회장은 손 회장을 만난 자리에서 비즈니스 모델을 설명했다. 마윈 회장의 설명을 들은 손 회장은 그 자리에서 알리바바가 요청한 투자금 1,000만 달러보다 2배 많은 2,000만 달러를 선뜻 내놓기로 결정했다. 어떻게 6분이라는 짧은 시간 안에 이러한 투자 결정이 이루어질 수 있었을까? 훗날 당시 상황을 묻는 인터뷰에서 손정의는 이렇게 말했다고 한다.

"마윈의 이야기하는 태도와 눈빛에서 그가 강한 리더십을 지닌 사람이라는 걸 알 수 있었습니다. 마윈의 비즈니스 모델은 완벽하지 않았지만, 그가 이야기하는 방식과 상대방을 사로잡는 강한 매력에 나는 매료되었습니다."

당시 손 회장에게 알리바바의 주식가격이나 계약조건, 사업계획 등은 크게 문제 되지 않았다고 한다. 협상의 결정적인 성공 요인은

손정의 회장(왼쪽)과 마윈(오른쪽)은 첫 만남부터 인간적인 신뢰를 쌓기 시작했고, 이를 바탕으로 오랜 시간 비즈니스 파트너 관계를 이어가고 있다.

마윈 특유의 진실한 성품과 강한 추진력을 믿은 손 회장의 전폭적인 신뢰였던 것이다.

이번에는 신뢰를 바탕으로 이루어진 또 다른 협상 사례를 보자. 2003년 워렌버핏(Warren Buffett)의 버크셔해서웨이(Berkshire Hathaway Inc.)는 식음료제조 및 유통 자회사로 전국 레스토랑 및 군부대에 식료품을 공급하는 월마트의 자회사 맥레인컴퍼니(McLane Company)를 인수하였다. 상장기업인 버크셔해서웨이와 월마트는 금융감독기관의 여러 검사 절차를 받아야 하기 때문에 일반적으로 이 정도 규모의 합병에는 여러 달, 혹은 몇 년까지도 걸리기 마련이다. 모든 자료를 검증하기 위해서 두 회사 모두 수백만 달러를 지불해가며 회계사, 감독관, 변호사 등을 동원해야 한다.

그러나 월마트와 버크셔해서웨이는 단 한 번의 미팅으로 협상을 타결했다. 인수협상을 시작한 지 한 달이 채 걸리지 않았다. 두 회사 모두 높은 신뢰를 바탕으로 서로가 제공하는 기업의 일반적인 현황

자료와 재무제표, 자산보고서 등 각종 자료를 전적으로 받아들임으로써 인수협상에 드는 엄청난 에너지 소모를 줄였다. 이처럼 신뢰가 높으면 서로 간에 의사결정이 빨라지고 그만큼 시간적 물리적 비용을 절감할 수 있는 것이다.

워렌버핏은 협상에서 신뢰가 가져다주는 놀라운 효과를 알고 있었다. 신뢰는 상호작용이라서 자신이 상대를 먼저 신뢰하면 상대역시 신뢰로 응한다는 사실을 아는 노련한 협상가였다. 그는 훗날 이렇게 말했다.

"나는 협상에 협력적인 자세로 임하기로 했다. 우리는 우호적인 거래를 하고 있었기 때문에 갖고 있는 패를 모두 보여주지 않을 이유가 없었다. …… 나는 맥레인에서 보여주는 모든 재무적 자료와 기술자료를 그대로 믿겠다고 했다. 처음에는 반신반의하던 맥레인 측도 서로 만난 협상장에서 내가 이렇게 말하고부터는 실제로 믿기 시작했다."*

진실한 말 한마디로 상대에게 신뢰를 주어 협상을 성공으로 이끈 사례도 있다. 한국콜마의 윤동한 회장이 일본콜마와 합작사업을 추진할 때였다. 당시만 해도 한국콜마는 경영 사정이 좋지 않았고 부족한 자본을 메꾸기 위해 일본콜마와의 협상이 꼭 필요한 때였다. 협상테이블에서 일본콜마는 자신들이 지분 51%를 소유하겠

---

* 《신뢰의 속도》(스티븐 M. R. 코비, 2009) p. 52에서 인용하였다.

다고 주장했다. 합작사업의 특성상 지분을 많이 갖는 편이 유리하기 때문에 사람들은 윤 회장이 일본콜마가 주장하는 지분 비율을 깎는 데 주력할 것이라 생각했다. 하지만 윤 회장은 뜻밖의 제안을 했다. 자신은 20%만 가질 테니 일본 측이 80%를 가지라고 제안하면서 이렇게 말한 것이다.

"저에게 오너십은 중요하지 않습니다. 오직 일을 하고 싶을 뿐입니다."

이에 감동받은 일본 콜마 측은 오히려 윤 회장에게 지분 51%를 내주었고 한국콜마는 성공적으로 합작 협정을 체결할 수 있었다. 협상에서 서로가 주고받는 말 한마디 한마디에는 말하는 사람의 의도가 담겨 있다. 협상에서 내뱉은 말 한마디에 때로는 회사의 운명이 좌우될 수도 있다. 일에 대한 열정과 순수함이 담긴 윤 회장의 말 한마디가 경영위기에 놓여 있던 회사의 운명을 바꿔놓은 것처럼 말이다.

▶▶ 상호 신뢰가 형성되지 않을 때는?

협상에서 당신은 상대에게 신뢰를 주기 위해 노력하는데 상대가 부응하지 않을 때가 있다. 소위 적게 주고 많이 받으려는 경우이거나 뭔가를 감추고 있을 경우이다. 이런 상황이라면 어떻게 대처하는 것이 좋을까?

먼저 상대가 그렇게 나오는 이유를 찾아야 한다. 이런 경우에는 대개 상대방이 당신보다 더 많은 정보를 확보하고 있을 가능성이 높다. 그래서 속내를 감추고 당신의 제안, 협상조건 등을 이리저리 저울질하고 있는 것이다. 이때는 전략적으로 행동하는 것이 좋다. 상대에 대한 정보나 신뢰를 확보하기 전까지 점진적인 접근법을 취하는 것이다. 상대가 당신에게 제공한 정보가 제대로 부합되는지 검토하고 제3자를 통해 검증하는 과정을 거쳐 신뢰를 쌓는 것도 좋은 방법이다.

만약 상대가 자꾸 당신의 질문을 회피하거나 주제를 바꾸는 행동을 하고 합의 내용에 대한 검증을 주저한다면, 다른 비밀스러운 의도를 숨기고 있는 건 아닌지 의심해야 한다. 이때는 확실한 보호책 없이는 계약을 체결하면 안 된다. 합의를 이행하지 않을 경우에 대비해 그에 따른 보상이나 패널티(penalty) 조항을 계약서상에 명기해야 한다. 부동산 거래 협상에서 매도인들은 "이 지역은 곧 재개발이 되어 대형쇼핑센터가 들어오고 가격이 폭등할 것입니다"라는 식의 말로 매수인을 유혹하는 경우가 많다. 그런데 막상 구체적인 개발 계획이나 기간 등에 대해서는 명확히 대답하지 못한다면, 계약서상에 반드시 위약금 조항을 넣어 사전에 위험을 방지하는 것이 좋다.

key point

- ☑ 협상테이블에서 상대를 자료나 데이터만으로 설득하기에는 한계가 따를 때가 있다. 객관적인 자료라고 해도 각자 해석이 다르니 충돌이 생길 수밖에 없다. 논리만으로 풀 수 없는 협상의 실마리는 서로 간의 감정, 인간관계에서 찾을 수 있다.

- ☑ 상대와 처음 마주했을 때는 비슷한 연결고리를 찾아 대화 분위기를 편안하고 자연스럽게 유도해 친밀감을 형성하라. 친밀감은 서로 간에 비슷한 점을 발견했을 때 생겨나는 감정으로 양측이 적대감 없이 협상을 원활히 진행하는 데 큰 도움을 준다.

- ☑ 상대의 말에 귀 기울이고 공감하라. 노련한 협상가들은 먼저 상대의 얘기를 경청하고 공감함으로써 그의 마음의 문을 연 후 자신의 뜻을 전달한다. 이때 상대에게 공감한다는 것은 그의 요구를 무조건 수용한다는 것이 아니라 감정을 인정한다는 것이다.

- ☑ 협상 상대자의 노고와 경험, 욕구를 인정하라. 인정받고 싶은 마음은 인간의 기본 욕구다. 누구나 자신의 가치를 인정해주는 상대에게 마음을 열기 마련이다.

- ☑ 서로의 주장이 팽팽히 맞서고 합의점을 찾을 수 없을 때 필요한 자세는 '역지사지'의 자세다. 자신의 위치에서 벗어나 상대의 자리에서 문제를 들여다볼 때 그동안 보지 못했던 문제점들이 보이고, 서로의 입장을 고려한 해결책을 찾을 수 있다.

☑ 상대의 자율성을 인정하라. 작은 사안일지라도 협상의 결정 과정에서 자신이 배제되었을 때 상대는 불쾌감을 느끼고, 이는 결국 협상 결과에 좋지 않은 영향을 미친다.

☑ 상대와 신뢰 관계를 형성하라. 신뢰는 인간관계의 핵심 요소이며 협상에 결정적인 영향을 미치는 궁극적인 요소이기도 하다. 상대에게 신뢰를 얻기 위해 갖추어야 할 기본적인 태도는 첫째 솔직하게 말하기, 둘째 약속 지키기, 셋째 먼저 신뢰하기다.

☑ 협상에서 상호 신뢰가 형성되지 않을 때는 점진적인 접근법을 취하면서 상대가 당신에게 제공한 정보를 검증하라. 만약 상대가 합의 내용에 대한 검증을 주저한다면, 합의를 이행하지 않을 경우에 대비해 그에 따른 보상이나 패널티 조항을 계약서상에 명기해야 한다.

Chapter 8

협상의 프레임과 전술

이번 장에서는 실전 협상에서 상대를 움직이게 하는 심리적 전술에는 어떤 것이 있는지 소개하고자 한다. 실전에서 사용되는 협상전술은 매우 다양하며 같은 내용이 다른 이름으로 불리우기도 한다. 그중에서 자주 쓰이는 몇 가지를 살펴보자.

전술 부분에서 한 가지 당부하고 싶은 사항은 전술은 전술일 뿐, 전부가 아니라는 점이다. 또 상황에 따라 효과적일 수도 있지만 그렇지 않을 수도 있다. 전술은 어디까지나 기술적인 영역에 속한다. 그럼에도 전술들을 소개하는 이유는 알아두고 대비하면 속지 않을 수 있기 때문이다.

▶ 프레임 전술_협상의 심리학

상대를 움직이기 위해 심리학 기법을 활용하는 경우가 많다. 그중에 하나가 '프레임'이다. 여기서 프레임(frame)은 상황을 구성하는 '틀'

또는 '전제조건'을 의미한다. 혹은 사물을 바라보는 시각이라고도 할 수 있다. 조금 더 깊이 설명하자면, 상황에 대해 '선택과 삭제'를 통해 특정한 의미를 강조하는 인지 과정을 말한다. 이 요소는 인간이기 때문에 흔히 빠지기 쉬운 함정이다. 프레임으로 인해 어처구니없는 실수를 범하기도 하고 협상이 끝나고 난 다음 '내가 그때 왜 그랬을까?' 하고 후회하기도 한다.

노련한 협상가들은 이런 심리적 요소를 적절히 활용한다. 자신이 아닌 상대의 입장에서 현상을 바라보고 상대가 어떤 부분에 가치를 두고 있는지 생각하여 그 부분을 강조하는 것이다. 앞서 5장에서 언급했던 시어도어 루스벨트 대통령의 선거대책본부장 조지 퍼킨스의 이야기는 프레임을 활용하여 협상을 유리하게 이끈 사례로 꼽을 수 있다. 당시 루스벨트 대통령 후보 측은 사진의 사용 허가를 받지 않고 포스터에 실어 무려 300만 달러에 달하는 금액을 사진작가에게 지불해야 하는 상황이었다. 비용과 시간 면에서 모두 상황이 여의치 않자 퍼킨스는 고민 끝에 상황에 대한 시각을 자신이 아닌 사진작가로 전환하여 문제의 돌파구를 찾았다. 그는 시카고에 사는 사진작가에 대해 알아본 후 그가 경제적으로 여유롭지 못하다는 사실을 알았고 다음과 같이 전문을 보냈다.

"선거 포스터 300만 장에 귀하의 스튜디오에서 찍은 루스벨트 후보의 사진을 실어 전국에 배포할 계획입니다. 전국적으로 귀하의 스튜디오를 알릴 수 있는 아주 좋은 기회로 보이니, 사진을 실어주는 대가로 얼마를 낼 용의가 있는지 즉시 답변 바랍니다."

많은 이들이 자신의 생각의 프레임 안에서 자신의 문제에만 초점을 맞춘다.
그러나 노련한 협상가는 상대의 머릿속으로 들어가 그의 문제, 욕구에 초점을 맞춘다.

그러자 사진작가는 자신을 알릴 수 있는 절호의 기회라 생각하고 즉각 250달러를 낼 용의가 있다고 연락을 해왔다.

조지 퍼킨스가 활용한 것이 바로 '프레임 전술'이다. 그는 선거 대책본부가 직면한 문제에 초점을 맞추지 않고 상대의 입장, 상대가 어떤 부분에 가치를 두고 있는지에 초점을 맞추었다. 사진작가는 루스벨트 후보 측의 상황을 전혀 알지 못했다. 따라서 퍼킨스는 자신들이 저작권법을 위반한 상황을 알리지 않고, 사진작가가 자신의 스튜디오를 알릴 수 있는 좋은 기회라는 점만 인식하도록 유도했다. 동일한 제안이라도 어떻게 제시하느냐에 따라 매력적으로, 또는 덜 매력적으로 비춰질 수 있음을 증명한 것이다.

▶▶ 생각의 프레임에 갇힌 사담 후세인

1990년 8월 2일, 이라크 군대는 쿠웨이트를 침공했다. 그로부터 6일 후 사담 후세인 대통령은 쿠웨이트 합병을 공식 선언했다. 중동 지역에 또 다른 군사적 위기 상황이 전개된 것이었다. 이집트의 무바라크 대통령은 아랍연맹 비상대책회의를 소집하여 위기 상황을 완화시킬 수 있는 계획을 서둘러 마련하고 협상에 나섰다. 그는 이라크가 쿠웨이트에서 군대를 철수한다면 부비얀(Bubiyan) 섬의 소유권과 라마일라 유전의 재산권을 인정하고, 쿠웨이트로부터 빌린 140억 달러를 탕감해주겠다고 후세인에게 제시하였다.*

아랍연맹이 사담 후세인에게 제시한 사항들은 매우 파격적인 조건으로 그가 확보할 수 있는 것 이상이었다. 하지만 후세인은 이 제안을 거절했고 계속 쿠웨이트에 군대를 주둔시켰다. 자신들은 이미 쿠웨이트를 점령했고 합병을 선언했으므로 모든 유전 수입과 영토 소유권을 확보한 것이며 그런 위치에서 물러나는 것은 '손해'라고 생각한 것이다. 아랍연맹의 후한 제의를 거절하고 협상을 결렬시킨 후세인은 이후 어떻게 되었을까? 알다시피 미국·영국·프랑스 연합군의 공세에 밀려 결국 파멸에 이르고 말았다.

그런데 만약 사담 후세인이 자신의 대안(옵션)을 다른 프레임으로 구성해볼 수 있었다면 상황은 달라질 수 있었을 것이다. 예를 들면 아랍연맹의 제안을 받아들이는 것을 자신들의 것을 '포기'한다

---

* 《협상의 정석》(맥스 베이저만·마가렛 닐, 2007) p. 81에 실린 사례를 재구성하였다.

고 생각하기보다는 쿠웨이트 점령에 걸린 시간, 즉 2주 동안에 '고생한 대가'로 여길 수도 있었을 것이다. 아랍연맹의 제안을 2주간의 '투입효과'라는 프레임이 아니라 '투자수익률'의 관점으로 전환했다면, 사담 후세인은 자신이 얻을 수 있었던 최고의 제안을 거절하는 어리석은 결정은 피할 수 있었을 것이다.

▶▶ 관점의 전환, 리프레임

프레임은 동일한 상황에 대해 '선택과 삭제'를 통하여 특정 부분을 강조하는 인지 과정이라고 말했다. 그렇다면 '선택과 삭제'라는 틀에서 벗어나는 방법은 무엇일까. 지금부터 이야기할 리프레임 (reframe)이 바로 그것이다. 리프레임은 한마디로 프레임을 재정의하는 것이다. 시간적·물리적 범위를 넓혀서 '범위 한정'이라는 인지적 편향에서 벗어남을 의미한다. '이것이냐 저것이냐' 하는 이분법적 사고의 틀에서 벗어나 '내가 꼭 둘 중 하나를 선택해야 해?'라고 다시 생각해보는 것이다. 관점을 전환하고 사고의 틀을 깨는 것이다. 마치 나무를 보던 시야를 넓혀 숲을 보려고 하는 것과 같다. 그러나 막상 본인이 협상의 교착 상태에 빠지면 리프레임이 쉽지 않다. 나무에 둘러싸여 숲을 보기 힘들다. 이런 경우 제3자의 시각에서 상황을 재조명하거나 시간적·물리적으로 거리를 두고 관점의 전환을 꾀하는 것이 좋다.

라이선스(license) 협상 사례를 통해 리프레임 전술에 대해 살펴보자. 미국에서 선풍적 인기를 끌고 있는 유아용 유기농 과자 '인펀트 오가닉' 브랜드를 소유한 헬스푸드가 브랜드 수출을 위해 서울에 왔다. 브랜드 사용권을 원하는 한국의 기린제과와 라이선스 협상을 시작했다.

협상 초기에 두 회사는 라이선스의 로열티로 5% 정도가 합리적이라고 생각했지만, 그 이면에는 큰 시각 차이가 존재했다. 헬스푸드는 제품이 한국 시장에서 자리를 잡으려면 시간과 투자비용이 많이 소요되니 초기에는 5% 정도로 로열티를 양보하겠지만, 이후 시장에서 검증되어 매출이 증가한다면 더 높은 수준으로 인상하는 것이 합당하다고 보았다. 반면 한국의 기린제과는 초기에는 높은 투자비용이 소요되니 로열티를 낮게 하고, 매출이 본 궤도에 오르면 그때 5%로 하는 것이 적합하다고 생각했다. 또한 한국 업계의 관행에 비추어 볼 때 로열티는 장기적으로 점점 인하되는 것이 맞다고 보았다.

양측은 로열티 지급을 놓고 정면으로 대치했다. 결국 협상은 교착 상태에 들어갔다. 양측은 한동안 냉각 기간을 갖기로 했다. 이번 협상으로 얻을 수 있는 가치가 상당했기 때문에 이 쟁점으로 전체 거래를 망치는 일은 피하고 싶었다.

얼마 후 두 회사는 다시 협상테이블로 나와 해결방안을 모색하기 시작했다. 어느 한쪽이 물러서는 방안이 있을 수 있고, 양측이 반반씩 양보하는 방안도 가능했다. 두 회사는 일단 뒤로 물러나 상황을 큰 그림으로 바라보려 했다. 문제는 초기 로열티 인하였고 양측은 거기에 몰입되어 있었다. '초기'라고 하는 좁은 범위의 시간적 프레임에 빠져 있었던 것이다. 이 시간적 프레임을 깨고 돌파구를 찾기 위해 두 회사는 머리를 맞댔다. '시간' 프레임뿐만 아니라 '판매량'이라는 프레임도 동시에 고려하기로 했다. 그 결과 다음과 같은 시계열 구간을 도출했다. (여기에 쓰인 숫자와 금액은 이해를 돕기 위해 약간 가공한 것이다.)

연간 매출액	1년	1년 ~ 3년	3년 ~ 5년	5년 후
0	0	0	0	0
10억원	2%	1%	1%	1%
50억원	5%	4%	3%	3%
100억원	7%	6%	5%	5%
200억원	9.5%	8.5%	7.5%	7.0%

앞의 표를 보면 각 해의 로열티가 감소함으로써 한국의 기린제과에서 원하는 조건이 충족된다. 한편 매출이 늘어날수록 로열티가 늘어나 미국의 헬스푸드가 원하는 조건도 충족된다. 이로써 양측은 로열티가 어떤 방향으로 움직여야 하는지, 왜 로열티가 인상되고 인하되어야 하는지 더 이상 싸울 필요가 없어졌다. 서로가 원하는 조건들을 어느 정도 충족시키는 선에서 합의를 이룬 것이다. 두 회사는 '초기 로열티 인하'라는 프레임에서 벗어나 새로이 프레임을 구축하는 리프레임 방식을 통해 협상을 성사시킬 수 있었다.

▶ 권한위임 전술

권한위임(empowerment) 전술이란, 상대가 무리한 제안을 하거나 즉각 대답하기 곤란한 질문 등을 할 때 협상테이블에 없는 제3자를 끌어들임으로써 상황을 반전시키는 전술이다.

"그 점에 대해서는 상사와 추가적인 논의가 필요합니다."

"저는 특정한 기준 내에서만 결정할 수 있는 권한이 있습니다. 그 문제에 대해서는 관리본부장과 협의한 다음 말씀드리겠습니다."

위와 같은 말로 당신의 권한이 제한적임을 강조하라. 당신이 가진 권한이 한정되어 있기 때문에 그 자리에서 결정할 수 없다는 점, 회사 정책상 따라야 할 절차가 있다는 점 등을 드러내는 것이다. 실제로 당신이 결정할 수 있는 문제라 하더라도 상대가 무리하게 요구하며 재촉할 때는 이처럼 전략적으로 대응하면 효과를 볼 수 있다.

권한위임 전술을 다른 협상 용어로 타이드인핸드(tied-in-hand) 전술이라고도 한다. 나에게는 권한이 없다는 식으로 스스로 손을 묶어버린다는 의미를 나타내는 것이다. 이 전술이 지니는 장점은 다음과 같다.

첫째, 시간을 벌 수 있다. 상대의 요구에 대해 그 자리에서 '예스' 또는 '노'라고 대답하기 부담스럽거나, 판단하기 어려운 경우에는 상사나 권한을 가진 다른 사람의 핑계를 대고 나서 협상테이블을 일단 빠져나와야 한다. 그런 다음 조직 내 구성원들과 논의하고 상대의 요구조건에 대한 전략을 다시 세운 뒤 협상을 재개해야 한다.

둘째, 상대와의 관계가 훼손되는 것을 방지할 수 있다. 상대의 제안이 끝나자 마자 바로 거절 의사를 밝히면 협상장 분위기가 냉랭해지고 상대는 당신에게 불쾌한 감정을 품게 될 수 있다. 이럴 땐 윗사람이나 다른 사람에게 악역을 넘기면서 최소한 상대와 당신의 관계에 금이 가지 않도록 한 후 다음 협상테이블을 기약해야 한다.

셋째, 상대의 또 다른 양보를 끌어낼 수 있다. 예를 들어, 상대가

권한위임 전술은 스스로 손을 묶어버리듯 자신의 권한이 제한적임을 드러내는 것이다.

추가 가격인하를 요구했을 때 당신이 윗사람의 승인을 받아야 한다고 얘기하며 난색을 표명했다고 하자. 그러면 상대는 '흠, 내가 어려운 조건을 제시한 모양이군' 하고 생각하게 된다. 그런 다음 어느 정도 시간이 지난 후 당신이 상사의 승낙을 어렵사리 받아냈다고 말하며, 그 대신 납품 수량을 좀 더 늘려달라고 슬쩍 요구하는 것이다. 그러면 상대는 당신이 자신의 요구를 들어주기 위해 노력했다는 생각에 자신도 뭔가 보답해줘야 할 것 같은 마음을 가지게 된다. 이런 심리를 상호호혜의 원칙**이라고 한다.

그런데 이러한 장점에도 불구하고 실전에서 권한위임 전술을 자주 쓰는 것은 별로 바람직하지 않다. 한두 번이라면 모를까 반복되다 보면 상대는 슬슬 짜증을 내기 시작할 것이다. '권한 없는 당신이

** 상호호혜의 원칙은 내가 어떤 혜택을 다른 사람에게서 받았을 경우 뭔가 보답을 해야겠다고 생각하는 것이다. 친구가 밥을 한 번 샀다면 자신도 한 번 사는 것이 도리라고 받아들이는 것과 같은 이치다.

랑 협상하고 싶지 않으니 권한 있는 사람을 불러오라'고 요구할 수도 있다. 따라서 결정적인 시기를 봐가면서 한두 번 활용하라. 한 가지 덧붙일 점은 특정인을 거론하지 말라는 것이다. 예를 들어 김창호 상무님, 이정재 팀장님과 같이 실명을 거론하지 말고 불특정 다수를 끌어들여야 한다. 이사회, 임원회의, 가격결정위원회 등 불특정 다수를 거론하면 특정인을 소환하는 사태는 피할 수 있다.

▶ 니블링 전술

니블링(nibbling)은 사전적 의미로 '야금야금 먹다', '깨작깨작 먹다' 또는 쥐가 조금씩 갉아먹는다는 뜻이다. 한꺼번에 다 먹겠다고 덤벼드는 것이 아니라 한입만 달라는 것이다. 상대가 요구하는 것이 피넛(땅콩)처럼 작은 것이라면 사람들은 '그 정도야 들어줄 수 있지' 하면서 관대해지기 마련이다. 이러한 심리를 이용해 작은 요구사항을 추가하는 것이 니블링 전술의 핵심이다.

니블링 전술은 협상이 막바지에 이르렀을 때 자주 활용된다. 중요한 사항들에 대해 합의점을 도출한 후 마음을 놓고 있을 때를 틈타 상대에게 작은 요구사항을 제시하면 대부분 받아들여지는 경향이 있다. 장시간에 걸쳐 어렵사리 합의점에 이르렀는데, 작은 것 하나 때문에 다시 처음으로 돌아가 협상하는 것을 원치 않기 때문이다.

대형병원과 제약회사가 의약품 납품에 관해 협상을 진행하는 경우를 살펴보자. 협상이 순조로이 진행되어 최종 계약서를 작성하기로 한 날, A병원 구매담당자가 갑자기 추가 사항을 요구한다.

"요즘 무릎관절 치료제에 대한 수요가 많으니 해당 치료제의 경우만 10% 추가 할인을 해주십시오."

모처럼 대형병원에 납품 기회를 얻어 들떠 있던 C제약사의 영업 담당자로서는 난감하다. 요구사항을 들어주자니 다른 병원에 납품하는 가격이 걸리고, 거절을 하자니 계약이 깨질 것 같다. 계약이 타결되었다고 철석같이 믿고 있었는데 상대에게 갑자기 뒤통수를 맞은 기분이다. 이런 경우 어떻게 대응하는 것이 좋을까?

니블링 전술에는 다음과 같이 '역니블링' 전술로 맞서는 것이 현명하다. 상대의 작은 요구에 당신도 또 다른 작은 요구를 하여 상대가 자신의 요구를 철회하든가, 아니면 당신의 추가 요구를 들어주도록 유도하는 것이다.

"그 제품은 저희 회사가 거래하는 병원 모두 동일한 가격을 유지하고 있기 때문에 좀 곤란합니다. 만약 계약 수량을 10% 정도 늘려주신다면 수용할 수 있습니다."
"그렇다면 대신 수요가 많지 않은 신경 치료제의 공급가는 10% 인상해주실 수 있을까요?"

위의 두 가지 경우처럼 슬쩍 당신의 요구조건을 건네는 것이다.

그러면 상대는 처음에 자신이 제시했던 요구조건과 당신이 추가로 제시한 요구조건을 두고 고민할 것이다. 결국 상대는 두 조건의 경중을 판단한 다음 자신의 요구를 철회하거나 아니면 당신의 요구를 수용하는 결론을 내리게 된다. 이처럼 상대의 니블링 전술에 맞서 역니블링할 수 있는 간단한 안건이나 핑계거리를 항상 생각해두는 사람이 노련한 협상가다.

▶ 미끼 전술

현대중공업은 선박 수주를 앞두고 노르웨이 선사와 협상에 돌입했다. 당시 조선 경기는 지금과 달리 호황이어서 선가가 매달 최고치를 갱신하고 있었고, 조선소 도크는 이미 2년치 물량으로 꽉 차 있었다. 느긋하게 협상을 진행하던 현대중공업은 노르웨이 선사의 엉뚱한 요구에 난감해졌다.

"선가를 시세보다 10% 깎아주고, 건조기간은 1.5년, 선박엔진은 노르웨이 제품으로 해주십시오."

가격도 가격이지만 도크가 2년치 물량으로 꽉 차서 여력이 없는데다 선박엔진의 가성비는 국산제품이 월등히 높았다. 현대중공업의 입장에서는 도저히 수용할 수 없는 조건이었다. 하지만 오랫동안 유지해온 거래선과의 관계 때문에 쉽게 결정을 내릴 수 없었다. 여러 차례 양측이 발주 조건을 두고 씨름했지만 협상은 교착 상태에 빠지고 말았다. 몇 주가 지나 다시 협상테이블에 마주 앉았을 때 노르웨이 선사는 이제까지의 강경한 태도를 누그러뜨리고 새로운 제안을 했다.

"건조기간은 현대 측 요구대로 하겠습니다. 선박엔진도 저희가 양보하겠습니다. 단, 선박가격만큼은 10% 인하해주십시오."

이 제안을 들은 현대중공업은 무언의 압력처럼 느껴졌다고 한다. 노르웨이 선사는 협상의 가장 큰 목표인 선박가격 인하를 달성하기 위해 상대적으로 중요하지 않은 안건인 건조기간과 엔진을 미끼로 내세워 무리하게 요구했던 것이다. 이처럼 전략적으로 협상을 교착 상태로 유도한 다음 미끼로 내세웠던 조건들을 양보하는 척하면서 최종 목표를 달성하려는 것이 바로 미끼 전술이다. 이 전술의 핵심은 '상호호혜의 원칙'이라는 심리와 거래관행을 이용하는 것이다.

그렇다면 상대가 이러한 미끼 전술을 사용할 때 어떻게 대응해야 할까? 먼저, 상대의 요구사항이 터무니없는 안건인지 아닌지 파고들어야 한다. 하나하나에 대해 양보할 만한 것인지 아닌지 따져보아야 미끼 전술에 걸려들지 않을 수 있다. 그리고 그 중요도에 따라 양보를 해야 한다. 상대가 두 개를 양보했으니 당신도 하나는 양보해야 한다는 생각은 버려라. 양보의 양보다는 질이 중요하다.

현대중공업의 경우 노르웨이 선사 측 양보에 대해 특별한 가치를 부여하지 않았다. 여러 정황으로 볼 때 선박 건조기간이나 선박

엔진에 대한 요구는 현실성이 없다고 생각했고, 한국이 아닌 다른 국가의 조선업체에서는 수용할 수 있을지 몰라도 현대중공업에 발주하려 한다면 그러한 요구는 터무니없다고 보았다. 결국 현대중공업은 선가를 조금 깎아주는 선에서 협상을 타결했는데, 이는 어디까지나 오랜 거래관계를 고려한 배려 차원에서 내린 결정이었다.

▶▶ 한미 FTA 협상의 미끼 전술

FTA 협상처럼 많은 이슈를 다루는 협상에서 잘 먹히는 전략이 바로 '미끼' 전술이다. 여러 안건들이 엉켜 있으니 그 속에는 진짜 안건(real agenda)이 있고 가짜 안건(fake agenda, 미끼)이 혼재하기 마련이다. 2007년 미국과 한국의 FTA 사례를 살펴보자.***

당시 한국 측 대표였던 김종훈 수석은 미국의 웬디 커틀러(Wendy Cutler) 수석대표가 제시한 '신약최저가격 보장' 이슈 때문에 난감했다. 미국에서 새로 나온 신약에 대해 최저가격을 보장해달라고 요구한 것인데, 일반적으로 신약의 가격은 개별 제약업체와의 협상에 의해 결정되는 것으로 정부가 보장해줄 수 있는 사안이 아니었다. 협상은 더 이상 진전이 되지 않았다.

마침 양국 대표가 잠시 커피를 마시는 시간에 김 대표는 별 생각 없이 '무역구제비합산조치' 이야기를 꺼냈다. 이는 한미 간에

***《글로벌 협상전략》(안세영, 2009) p. 627에 실린 내용을 재구성하였다.

FTA 협약이 체결되면 미국의 품목별 반덤핑규제에서 다른 국가들은 몰라도 한국은 제외되는 것이 맞지 않느냐는 논리에서 제시된 의제였다. 사실 농산물이나, 자동차, 지적재산권 등 다른 현안에 비하면 한국 측으로서는 큰 관심은 없던 의제였다. 말하자면 되면 좋고 안 되면 그만인 카드였던 셈이다.

그런데 김수석의 얘기를 들은 웬디 커틀러가 정색을 하는 것이 아닌가. 한국 정부가 무역구제비합산조치를 꺼내면 FTA 협상은 깨진다고 하면서 미국 의회가 승인해줄 리 없으니 협상을 계속하고 싶으면 말도 꺼내지 말라고 했다.

여러분이 김종훈 수석이라면 어떻게 하겠는가? 웬디 커틀러의 경고대로 무역구제비합산조치 카드를 슬며시 철회했을까? 협상 초보자라면 아마도 그럴 것이다. 그러나 노련한 협상가인 김 수석은 바로 그것이 상대를 압박할 수 있는 미끼(decoy)라는 사실을 알아차리고 강하게 나갔다.

"저 역시 한국 정부대표로서 무역구제비합산조치를 성사시키지 못하면 협상을 계속 진행할 수 없습니다. 한국 수출업체들이 이 정도 문제도 해결하지 못할 거면 미국과 FTA를 왜 하냐고 난리입니다."

미끼의 값을 키우며 상대를 몰아붙이는 전략을 취한 것이다. 김수석은 무역구제비합산조치에 대해 계속 완강한 입장을 취하며 커틀러 대표와 팽팽히 맞서다가 미끼 값이 최고조에 이르렀을 때 골치 아픈 신약최저가보장조치와 맞바꿔버렸다. 돼도 그만 안 돼도 그만인 가짜 안건 '무역구제비합산조치'와 진짜 안건인 '신약최저가보장조치'를 맞바꿔버렸으니 어떤가? 미끼 한번 잘 활용한 협상이 아닐까?

한편, 협상테이블에서 상대가 던진 안건이 미끼인지 아닌지 정확하게 구분 짓기 어려운 경우가 있다. 이때는 자신뿐만 아니라 상대의 안건에도 주목하여 가능한 한 올려놓을 수 있는 모든 안건을 협상테이블에 올리는 것이 좋다. 안건이 많으면 많을수록 나눌 수 있는 파이도 커지는 법이다. 파이는 나누기 전에 일단 키우는 것이 순서다. 그리고 안건들을 하나씩 던지면서 상대가 어떤 반응을 보이는지 세밀히 탐색해야 한다. 각각의 안건이 상대에게 어느 정도 중요한지, 덜 중요한지 추정하고 판단해야 한다. 중요도와 우선순위에 따라 협상 마무리 단계에서 안건을 조정하고 교환함으로써 서로의 만족도를 극대화할 수 있다.

▶ 맞받아치기 전술

맞받아치기 전술, 즉 팃포탯(tit for tat)은 '눈에는 눈, 이에는 이' 식으로 상대로부터 해를 입은 만큼 맞받아치면서 앙갚음을 한다는 것이다. 최근 미국과 중국의 무역전쟁이 이 전술에 해당되는 사례이다. 2018년 7월 6일, 미국은 중국산 산업제품 340억 달러의 품목에 25% 관세 부과 조치를 발효시켰다. 이에 중국도 즉각 미국산 농산품 등 340억 달러 규모의 품목에 똑같이 25% 관세를 물리기 시작

시진핑 중국 국가주석과 도널드 트럼프 미국 대통령은 전형적인 '맞받아치기 전술'을 펼치며 무역전쟁을 벌이고 있다.

했다.

한 달이 지난 8월 7일, 미국은 160억 달러 규모의 중국산 수입품에 추가 관세를 매기기로 했고, 이에 중국도 미국 수입제품 160억 달러어치에 대해 동일하게 관세를 매기기로 했다. 중국 상무성은 발표문에서 "정당한 권익과 다자무역체제를 보호하기 위해 필요한 반격을 할 수밖에 없다"면서 '눈에는 눈, 이에는 이' 식으로 즉각 대응했다.

맞받아치기 전술(팃포탯 전략)은 너무나 간단하기 때문에 편리하기는 해도 별로 단수가 높은 전략은 아니라고 속단하기 쉽다. 그러나 사실 비즈니스에서의 인간관계, 직장에서의 인간관계, 친구관계, 애인관계, 심지어는 부부관계나 자녀와의 관계에서까지 유효하고 적절하게 응용될 수 있는 전략이다. 이 전략의 장점을 꼽아보면 다음과 같다.

첫째, 매우 단순해서 이해하기 쉽고 곧바로 실천할 수 있다. 먼저 상대에게 호의를 베풀되 상대가 자신의 호의에 상응한 보답을 하지 않으면 다음부터는 상대하지 않으면 된다. 물론 호의에 상응한 보답을 하면 서로 주거니 받거니 하면서 화기애애한 관계로 발전할 수 있다.

둘째, 적어도 이쪽에서 먼저 배반하는 일은 없다는 점으로 볼 때 도덕적으로도 괜찮은 전략이다. 먼저 선의를 갖고 협력의 태도를 보이지만 상대가 배반할 경우에는 이쪽도 배반으로 대응한다는 것이니, 동정을 받을지언정 비난을 받을 일은 없는 것이다.

셋째, 상대의 배신 행위에 대해서는 이쪽도 똑같이 응징할 수 있기 때문에 혼자 속을 썩이며 끙끙 앓을 필요가 없다.

넷째, 상대방이 한때 배반을 했다가도 만약 마음을 고쳐먹고 다시 협력의 태도로 나온다면, 이쪽도 언제든 협력의 태도로 복귀한다는 관용성을 갖고 있다는 점도 이 전략의 매력이다. 한때 상대가 섭섭하게 대했다고 해서 언제까지나 꽁한 태도로 대하면 결국 아무에게도 득이 되지 않는다. 사람의 마음은 언제든 바뀔 수 있다는 가변성을 염두에 두고, 좋은 방향으로 마음을 바꾼 사람에 대해서는 과거를 탓하지 않고 너그럽게 받아들이는 것이 인간적이면서도 실리적인 전략이다.

요컨대 이 전략이 성공하기 쉬운 이유는 상대방에게 잘해주고, 보복적이며, 관대하고, 명료하기 때문이다. 상대방에게 잘해주는 것은 불필요한 곤경으로부터 당신을 지켜줄 것이다. 적절한 보복성은 계속해서 변절하려는 상대방의 속셈을 꺾어놓을 것이다. 당신의 관대함은 상호협력을 회복하는 데 도움이 될 것이다. 그리고 전략의 명료함은 상대가 당신의 전략을 분명히 이해하도록 만들 것이다. 그 결과 장기적인 협력 관계가 가능해진다.

▶ 벼랑끝 전술

벼랑끝 전술(brinkmanship)은 냉전시대에 미국과 소련이 자주 쓰던 전술로, 전쟁도 마다하지 않겠다는 듯이 상대국을 밀어붙여 양보를 얻어내려는 외교적 협상 전술을 일컫는다. 최근까지도 북한이 '서울을 불바다로 만들겠다'고 으름장을 놓거나 '미국 본토에 대륙간탄도미사일(ICBM)을 발사할 수도 있다'는 식의 메시지를 던진 것이 바로 이 전술에 해당된다. 이 전술은 말 그대로 벼랑끝에 서서 잘못되면 같이 떨어져 죽자는 것이다. 즉 협상 결렬 또는 최악의 경우를 보여주면서 긴장감을 높이고 상대에게 양보를 강요하는 전술이다.

'쿠바의 핵미사일 사태'는 이 전술의 대표적 사례로 꼽힌다. 1962년 10월 14일, 쿠바를 감시하던 U-2기가 핵미사일을 싣고 쿠바로 가는 소련 배를 확인하였고, 핵 설치를 준비하는 장소를 확인했다. 미국의 군부는 핵과 미사일 공격으로 쿠바를 날려버리자고 주장하고 항모 8척과 190척의 함대가 쿠바 공격을 위해 준비를 하고 있었다. 미국은 쿠바로 가는 영해를 봉쇄하고 미사일을 싣고 가는 것으로 의심이 되는 모든 선박을 수색하도록 했다. 이에 맞서 소련의 수상 후르시초프는 미국의 해상 봉쇄를 뚫고 핵잠수함 6척의 호위를 받으면서 미사일을 실은 함대를 쿠바로 보내라고 지시했다.

1962년, 핵미사일 문제를 놓고 '벼랑끝 전술'로 팽팽히 맞섰던 소련의 후르시초프 수상(왼쪽)과 미국의 케네디 대통령(오른쪽)은 극적인 타결을 이루었다.

미국이나 소련이나 다 같이 벼랑끝으로 달려가고 있었다. 자칫하면 양국 간에 핵전쟁이 터질 수 있는 일촉즉발의 위기 상황이었다.

　고심하던 미국의 케네디 대통령은 TV를 통해 전국민 담화를 발표하고 쿠바에서 발사되는 모든 미사일은 소련의 공격으로 간주하겠다며 정식 선전포고를 했다. 이에 당황한 소련은 쿠바의 미사일을 철수할 것을 약속하고 한발 뒤로 물러섰다. 이로써 제3차 세계대전은 발발되지 않았다. 나중에 밝혀진 이야기이지만 쿠바 미사일 철수 조건에는 터키와 이탈리아의 미군 핵미사일을 철수해주는 비밀협약이 있었다고 한다.

▶▶ 금호타이어 협상 사례

2017년 9월, 금호타이어 채권단과 우선인수협상대상자인 중국의 더블스타 간의 매각협상이 결렬됐다. 인수금액 차이도 컸지만 '먹튀' 논란이 될 수 있다며 노조가 해외 매각에 총파업으로 맞섰기 때문이다. 주채권은행인 KDB산업은행은 국내외 금융부채 2조 4,000억 원의 금호타이어를 회생시킬 수 있는 해결방안으로는 해외 매각이 가장 나은 방법이라고 판단했다. 긴급 유동성을 확보하고 중국 사업장의 부실을 매우려면 더블스타의 자본 유치가 필수적이란 판단이었다. 채권단의 자율협약 만료일인 2018년 3월 말까지는 단안을 내려야 했다. 노사 간에 원만한 합의를 계속 종용했지만 소용없었다.

결국 KDB산업은행과 정부는 이른바 '벼랑끝 전술'을 사용하기로 한다. 2018년 3월 28일 이동걸 산업은행 회장은 "3월 30일 이후 금호타이어에 대한 법 절차 진행은 청와대도 못 막는다"며 단호한 태도를 보였고 최종구 금융위원장도 보조를 맞췄다. 김동연 경제부총리도 "법정관리가 불가피할 것"이라고 못 박았다.

정부와 주채권은행의 강력한 행동에 금호타이어 노조는 자율협약 종료 3시간을 앞두고 극적으로 해외 매각에 합의했다. 법정관리 일보 직전에 이뤄낸 타협이었다. 회사와 막판까지 대치했던 노조는 객관적인 현실 앞에 결국 물러서고 말았다.

▶▶ 벼랑끝 전술 vs 역벼랑끝 전술

벼랑끝 전술의 의도는 막다른 상황까지 몰아가는 초강수를 띄워 위기에서 탈출하려는 것이다. 상당히 막강한 전술이지만 그만큼 큰 위험이 동시에 수반된다는 점에 유의해야 한다. 대부분 이런 전술은 협상력이 약한 자가 강한 자를 상대로 협상력을 끌어올리려고 할 때 사용된다. 또한 더 이상 잃을 게 없는 사람이 잃을 게 많은 사람을 상대로 협상할 때 사용된다. 물론 드물게 강자가 약자를 상대할 때도 사용되기도 한다.

벼랑끝 전술 역시 사람들의 심리를 이용한다. 동일한 가치라도 얻을 때 느끼는 만족감보다는 잃을 때 느끼는 상실감이 더 크다는 인간의 심리를 이용하는 것이다. 만약 상대가 벼랑끝 전술로 나온다면 다음과 같이 대처하라.

- **마지노선 세우기**: 더 이상 물러서지 않겠다는 신호를 강력하게 보낸다. 예를 들면 "이 가격 이하를 요구하시면 절대 거래할 수 없습니다. 다른 제품들에 대한 계약도 철회하겠습니다"라는 식으로 강하게 대처한다.
- **리스크 알리기**: 상대가 오히려 더 많은 것을 잃을 수 있다는 점, 더 큰 대가를 치르게 된다는 사실을 일깨워준다.

2018년 5월 북미정상회담을 앞두고 트럼프 대통령이 사용했던 전략은 상대가 입을 리스크를 알리는 '역벼랑끝 전술'의 경우에 해당한다.

2018년 6월 12일, 북한은 싱가포르 북미정상회담을 앞두고 회담을 다시 고려하겠다는 발표를 했다. 최선희 외무부 부상은 펜스 부통령과 볼튼 안보보좌관을 '얼뜨기'라고 비하하며 "대화 구걸은 안 한다"라고 말했다. 이어서 김계관 제1부상도 "미국이 일방적인 핵포기를 강요하면 북미정상회담을 재고려하겠다"라고 발표했다. 그동안 자신들이 상투적으로 사용하던 벼랑끝 전술로 북미정상회담이 물거품이 되면 핵 위협은 계속되고 트럼프 대통령의 노벨 평화상도 물 건너가는 것이라는 신호를 보낸 것이다.

이 전술에 트럼프 대통령은 '역벼랑끝 전술'로 강경하게 대응한다. 김정은 위원장에게 편지를 보내 싱가포르 정상회담을 전격적으로 취소한다는 발표를 했다. 모두 예상하지 못한 반격이었고 정작 화들짝 놀란 것은 북한이었다. 약자의 자존심을 세워보려고 했던 관행적인 막말 발언에 상대가 이렇게 세게 나올 줄 예상하지 못했던 것이다.

트럼프 대통령의 편지를 살펴보면서 협상학적인 관점에서 몇 가지 포인트를 짚어보자.

"북미정상회담을 위해 당신이 쏟은 시간과 인내와 노력에 깊이 감사합니다. 당신과 만나기를 매우 기대했습니다. 그러나 슬프게도, 최근 성명서에 드러난 귀측의 엄청난 분노와 적대감으로 봤을 때, 저는 이 시점에서 오랫동안 준비해왔던 이번 회담을 진행하는 것이 부적절하다고 생각합니다. 그러므로 양국을 위해, 세계 평화의 측면에서는 손해가 되겠지만, 싱가포르 회담은 열리지 않을 것임을 이 편지를 통해 밝힙니다. 당신은 북한의 핵

Risk

"You talk about your nuclear weapon, but ours are so massive and powerful that I pray to God they will never have to be used."
당신은 핵 능력을 말하지만 우리의 핵 능력은 너무도 크고 강력해서 나는 그것들이 사용될 일이 없기를 신께 기도합니다

Benefit_Cost

"The world, and North korea in particular,has lost a great opportunity for lasting peace and prosperity and wealth."
세계는, 특히 북한은 지속적인 평화와 번영과 부를 얻을 기회를 놓쳤다

Exit_Golden Bridge

"If you change your mind having to do with this most important summit, please do not hesitate to call me or write."
당신이 정상회담을 해야겠다고 마음이 바뀐다면 망설이지 말고 내게 전화하거나 편지하라.

능력을 얘기하지만, 미국의 핵 능력은 너무도 크고 강력해서 나는 그것들이 사용되는 일이 발생하지 않기를 신께 기도합니다."

편지는 호의적인 표현으로 시작되었지만 사실 핵심은 회담 취소를 통보하는 것이었다. 트럼프 대통령은 자신들의 핵 능력을 강조하면서 최악의 경우 북한이 직면할 수 있는 리스크를 알리며 역벼랑끝 전술로 맞대응했다. 노련한 협상가인 그는 자신의 실망감과 분노를 솔직히 드러내면서 회담 취소라는 강력한 경고를 날려 상대국 북한의 감정을 뒤흔드는 전술을 취한 것이다.

한편 트럼프 대통령은 협상의 고수답게 편지의 끝부분에 가서는 다시 북한이 마음을 바꾼다면 연락을 달라는 메시지를 던지며 협상의 여지를 남긴다. 아울러 정상회담 취소로 손해를 입는 것은 미국이 아니라 북한이라는 점을 다시 한 번 강조한다.

"최고로 중요한 이번 회담과 관련해 만약 마음을 바꾸신다면 지체 없이 전화나 편지를 주기 바랍니다. 세계는, 특히 북한은 지속적인 평화와 번영과 부를 얻을 기회를 놓쳤습니다. 이는 진정 역사에서는 슬픈 순간입니다."

협상이 깨졌을 때 상대방이 입을 리스크와 손실을 상기시키면서 협상테이블로 돌아오도록 하는 전형적인 트럼프식 전략을 엿볼 수 있는 부분이다. 마지막에 "마음이 바뀐다면 망설이지 말고 전화하거나 편지를 써달라"고 한 것은 벼랑끝에 몰린 상대를 궁지에 몰아넣고 계속 쥐어짜게 되면 어떻게 되는지 알기 때문에 나온 얘기다. 도망갈 곳이 없는 쥐는 돌아서서 고양이에게 덤벼들 수 있다. 따라서 쥐에게 도망칠 수 있는 조그만 탈출구를 열어준 것이다. 이것은 상대의 체면을 세워주면서 협상을 계속할 수 있는 황금의 다리(golden bridge)****를 놓아준 것이다.

벼랑끝 전술은 큰 위험이 따르는 만큼 성공했을 때 주어지는 대가도 큰 법이다. 트럼프 대통령의 역벼랑끝 전술은 상대국 북한에 제대로 먹혀들었고 첫 북미정상회담 개최라는 역사를 만들어냈다.

**** 황금의 다리란, 협상에서 상대가 'Take it or leave'라는 식으로 내 말을 수용하든지 아니면 떠나라며 윽박지를 때에 건너와서 협상을 계속할 수 있는 '다리'를 의미한다. 즉 상대가 협상에 참여할 수 있게 만들기 위해 제공하는 명분이나 체면을 뜻한다. 막무가내로 밀어붙이거나 고집불통인 상대를 협상테이블로 끌어오기 위한 수단인 셈이다.

☑ 실전 협상에서 상대를 움직이게 하는 몇 가지 심리적 전술을 활용할 수 있다. 다만 전술은 전술일 뿐 전부가 아니다. 또 상황에 따라 효과적일 수도 있지만 그렇지 않을 수도 있다. 그럼에도 전술들을 인지해야 하는 이유는 알아두고 대비하면 속지 않을 수 있기 때문이다.

☑ 많은 사람들이 자신만의 생각의 프레임 속에 매여 사고한다. 그래서 노련한 협상가는 상대를 설득하기 위해 프레임 전술을 활용한다. 자신의 프레임에서 벗어나 상대의 입장에서 현상을 바라보고 상대가 어떤 부분에 가치를 두고 있는지 생각하여 그 부분을 강조하는 것이다.

☑ 프레임은 동일한 상황에 대해 선택과 삭제를 통하여 특정 부분을 강조하는 인지 과정이라고 할 수 있다. 그런데 때로는 이 '선택과 삭제'라는 틀에서 벗어나 새로이 프레임을 구축하는 '리프레임 과정'을 통해 협상의 돌파구를 찾을 수 있다.

☑ 상대가 무리한 제안을 할 때, 즉각 대답하기 곤란한 질문이나 제안을 할 때는 협상테이블에 없는 제3자를 끌어들여 권한을 위임하는 전술을 취할 수 있다. 이는 스스로의 손을 묶어버린다는 의미에서 타이드인핸드 전술이라고도 부른다.

☑ 협상에서 중요한 사항들에 대해 합의점을 도출한 후 마음을 놓고 있을 때를 틈타 상대에게 작은 요구사항을 제시하면 대부분 받아들여지게 된다. 이러한 상황을 이용해 작은 요구사항을 끼워 넣듯 추가하는 것이 니블링 전술이다.

☑ 미끼 전술은 협상을 전략적으로 교착 상태로 유도한 다음 미끼로 내세웠던 조건들을 양보하는 척하면서 최종 목표를 달성하려는 것이다. 이 전술의 핵심은 '상호호혜의 원칙'이라는 심리와 거래관행을 이용하는 것이다.

☑ 맞받아치기 전술, 팃포탯은 '눈에는 눈, 이에는 이' 식으로 상대로부터 해를 입은 만큼 맞받아치면서 앙갚음을 한다는 것이다. 단순한 듯 보이는 이 전술은 비즈니스 관계뿐만 아니라 다양한 인간관계에서 유효하게 응용될 수 있다.

☑ 벼랑끝 전술은 상대를 벼랑끝으로 밀어붙여 양보를 얻어내려는 전술을 일컫는다. 이 전술의 의도는 막다른 상황까지 몰아가는 초강수를 띄워 위기에서 탈출하려는 것으로, 성공했을 때 대가가 큰 만큼 커다란 위험이 동시에 수반된다.

Chapter 9

협상의 시작과 진행,
그리고 마무리

▶ 시작 – 목표는 명확히, 준비는 세밀히 하라

이번 장에서는 협상의 시작과 진행, 그리고 최종 마무리에 이르는 과정을 짚어본다. 협상의 단계마다 꼭 해야 할 일, 유념해야 할 사항들을 전체적으로 살펴보므로 앞에서 언급한 이야기들이 반복되기도 한다. 그러나 본서를 마무리하면서 반드시 기억하고 지켜나가야 할 실천적 사항들을 다시 짚어보고 되새긴다는 의미에서 유의하여 읽어나가길 바란다.

협상의 시작 단계에서는 목표 설정, 정보 수집, 협상 대상자 탐색 등의 과정이 수행되어야 한다. 협상에서 각각의 과정이 지니는 의미, 필요한 이유는 무엇인지 알아보고 구체적인 실행 방안을 생각해보자.

▶▶ 목표 설정

협상에서 자신이나 조직이 원하는 것이 무엇인지 인지하는 것은 매우 중요하다. 명확한 목표 설정은 바로 협상의 출발점이다. 목표를 분명히 한다는 것은 다음과 같이 구체적으로 설정한다는 말이다.

"이번 협상에서는 연봉을 10% 이상 인상할 거야."
"구매단가를 최소 5% 인하해야 해. 그래야 원가절감 목표를 달성할 수 있어."

목표가 명확할수록 달성할 가능성도 그만큼 커진다. 이때 잊지 말아야 할 사실은 희망사항을 목표로 착각해서는 안 된다(Wishes are not goals)는 점이다. 희망사항은 말 그대로 희망에 불과하다. 되면 좋고 안 돼도 할 수 없다는 의미를 포함한다.

협상에서 목표가 불확실하면 상대에게 휘둘리게 되고 양보하지 않아도 될 것을 양보하게 된다. 반면 목표를 명확히, 그리고 높게 설정할수록 그것을 달성하려는 성취 동기는 높아진다. 목표를 달성하기 위해 보다 많은 정보를 수집하고 다양한 아이디어를 짜내며 노력하게 된다. 좀 더 치밀하게 전략을 세우고 여러 가지 수단을 동원하게 된다. 그 결과 협상의 성공 여부는 협상가의 열망 정도에 크게 좌우된다. 더 큰 것을 바라면 더 큰 것을 가지게 되는 것이다.

조직의 입장에서 보면 당연히 협상 목표를 높게 설정하는 것이 유리하다. 그런데도 가끔 회사를 대신하여 나서는 실무 협상가들이 낮은 목표를 설정하는 경우가 있다. 목표를 낮게 설정하면 불리한

데도 왜 그러는 것일까? 개인의 입장에서 볼 때 다음과 같은 요인이 작용하기 때문이다.

첫째, 자기보호본능 때문이다. 사람은 누구나 조직 내에서 신분이 보장되고 능력을 인정받고 싶어 한다. 조직의 이익 극대화를 위해서는 목표를 높게 설정하는 것이 맞지만 혹여 그것을 달성하지 못하면 조직으로부터 비난을 듣게 될까 봐 두려운 것이다. 자칫 조직 내에서 무능력자로 비치거나 미성과자로 낙인찍힐 수도 있기 때문이다.

둘째, 자기만족감 때문이다. 열심히 노력하여 협상 성과를 도출했지만 초기 목표가 너무 높아서 미치지 못했다면 그만큼 상대적인 불만족을 느끼게 된다. 이러한 상황을 우려해서 처음부터 목표를 낮게 설정하는 것이다.

따라서 조직의 리더는 협상 실무자가 이와 같은 이유로 목표를 낮게 설정하지 않도록 성취 동기를 자극해야 한다. 목표 설정부터 협상 진행 과정을 계속 모니터링하고, 가용할 수 있는 (인적·물적·시간적) 자원을 목표 달성에 활용할 수 있도록 적극 지원해줘야 한다. 또한 조직의 이해는 물론 개인의 이해도 세심하게 살펴주는 리더십이 필요하다.

한편, 복잡한 협상일수록 목표의 우선순위를 미리 설정해두는 것이 바람직하다. 그래야 본격적으로 협상에 들어갔을 때 상대가 어떻게 나오느냐에 따라 유연하게 대처할 수 있다. 목표의 우선순위를 세워두면 상황 변화에 적절히 대응할 수 있다. 마치 전쟁에서 방어선을 구축하는 데 1차 저지선, 2차 저지선을 설정하는 것과 같다. 당신이 반드시 이루어야 할 목표가 있을 것이고 작전상 내주어도 되는 목표가 있을 것이다. 목표는 세 가지 카테고리로 설정하면 좀 더 정교한 협상을 진행할 수 있다.

• **꼭 성취해야 할 목표**: 협상을 하는 근본적인 이유에 속하는 목표를 말한다. 예를 들어, 대규모 쇼핑몰을 임대하는 건물주에게 주세입자(key tenant) 확보는 반드시 달성해야 하는 목표이다. 브랜드 파워가 있는 업체가 입주하느냐, 아니냐에 따라 건물 가격은 물론 상권 형성이나 나머지 소규모 세입자 유치에도 결정적인 영향을 미치기 때문이다.

• **성취하면 도움이 되는 목표**: 중요하기는 하지만 결정적이지는 않은 목표로, 협상 상황에 따라 전략적으로 수정이 가능한 것이다. 예를 들어 건물주는 평당 높은 임대료를 원하지만 한편으로는 공실률을 낮추는 것이 전체 임대수입에 도움이 된다. 따라서 장기적이고 안정적인 임대조건을 확보하기 위해 협상 상황에 따라 목표치를 탄력적으로 조정할 수 있다.

• **교환할 수 있는 목표**: 당신에게는 가치가 작은 것이지만 상대에게는 큰 가치가 있을 수 있는 항목이다. 예를 들면 전대조건(제 3자에게 재임대하는 것, sub-lease)은 건물주에게는 큰 영향이 없지만 세입자에게는 아주 좋은 조건이 될 수 있다. 동일한 안건이라도 좀 더 깊이 파고들면 양측이 평가하는 가치가 다를 수 있는 것이다. 하지만 이때 주의해야 할 점이 있다. 당신에게 별로 중요하지 않다고 상대에게 덜렁 내주어서는 안 된다. 상대가 그것을 얻기 위해 경제적이든 시간적이든 노력을 들이게 한 후 결

명확한 목표 설정은 성공적인 협상의 출발점이다.
목표 달성을 위해 정보를 수집하고 다양한 대안을 모색하는 과정에서
협상의 파이는 커지고 상대와 나눌 수 있는 것도 더 커진다.

정적인 순간에 마지못한 척 다른 것과 교환함으로써 실익을 챙겨야 한다.

▶▶ 정보 수집

협상력은 정보력이라고 말할 정도로 정보가 협상에 미치는 영향은 크다. 협상테이블에 앉기 전에 상대에 대한 정보는 필수적으로 챙겨야 한다. 얼마나 많은 정보를 확보하느냐에 따라 협상 결과가 크게 달라질 수 있다. 적을 모르고 어떻게 전쟁에서 이기기를 기대하겠는가. 협상에서 유리한 위치에 서기 위해 사전 준비 단계에서 파악해야 할 정보는 다음과 같다.

• **상대의 협상 목표**: 가장 먼저 파악해야 하는 항목이다. 상대가 진정으로 원하는 것이 무엇인지, 왜 그것을 원하는지 파악해야 한다. 원하는 목표가 둘 이상이라면 우선순위는 어떻게 되는지 알아야 한다.

• **상대의 약점과 강점**: 아무리 강하게 보이는 상대라도 약점은 있기 마련이다. 상대가 왜 당신과 협상하려는 것일까? 당신에게서 무엇을 얻어가려고 하는 것일까? 당신이 갖고 있는 '무언가'가 바로 키포인트(key point)이다. 상대는 그것을 얻기 위해 온갖 노력을 할 것이며, 역으로 그것이 상대에게는 약점이라고 할 수 있다. 강점도 마찬가지다. 상대가 지닌 강점이 천년만년 강점이 될 수는 없다. 시간과 상황에 따라 변하지 않는 것은 없다.
그렇다면 어떻게 상대의 강점과 약점을 파악해야 할까? 앞에서 강조했듯이, 상대의 위치에 서서 역지사지의 자세로 상대의 입장을 추정하고 상상해보라. 그런 다음 당신이 파악한 사항들을 실제 협상테이블에서 하나씩 툭툭 던져보면서 확인하라.

• **상대의 배트나(BATNA)**: 상대에게 대안이 많다면 당신의 협상력은 상대적으로 약해질 수밖에 없다. 상대가 얼마나 많은 배트나를 갖고 있는지, 그것이 얼마나 양질의 배트나인지 파악해야 협상에서 밀리지 않을 수 있다. 만약 상대의 배트나가 약하다면 당신도 주눅들 필요가 없다. 느긋하게 대처하다 보면 협상의 공이 당신에게 넘어올 것이다.

• **시간 제약**: 상대가 언제까지 협상을 끝내야 하는지 알아두면 도움이 된다. 겉보기에 침착하고 여유 있어 보일지라도 상대에

게는 반드시 데드라인(dead line)이 있다. 마감시간에 몰릴수록 협상가는 초조해지기 마련이다. 상대가 초읽기에 몰린다면 양보의 폭은 커질 것이다. "마지막 10%의 시간에 합의의 90%가 이루어진다"라는 말도 있지 않은가. 그러니 서두르지 말고 인내심을 가지고 적절한 타이밍을 기다려라. 성질 급한 사람이 손해 보게 되어 있다. 만약 상대가 예상치 못한 제안을 하여 당혹스럽다면 일단 협상을 지연시키고 시간을 벌어라.

협상에서 정보 수집이 가져다주는 혜택은 실로 크다. 준비된 협상가는 사전 정보 수집에 충실함으로써 전략적 실수를 줄이는 것은 물론이고, 상대에게 '전문가'라는 인정과 함께 신뢰를 얻게 된다. 사전 정보 수집의 혜택을 크게 두 가지만 꼽아보면 다음과 같다.

첫 번째는 당신이 속거나 기만당할 여지를 그만큼 줄여준다는 점이다. 사전에 상대가 어떤 상황에 처해 있는지, 그리고 정말로 원하는 것이 무엇인지를 파악해두면 상대방의 전략이나 블러핑(bluffing)*에 넘어갈 가능성이 적어진다. 당신이 충분한 사전조사를 했다는 사실을 알게 되면 상대는 더 이상 당신을 기만하려는 의도를 버리게 된다.

두 번째는 상대가 당신을 존중하고 협상에 진지하게 임할 가능성이 높아진다는 점이다. 당신이 정보에 어둡다는 사실을 알게 되면

★ 블러핑은 허풍, 허세를 뜻하는 단어로 포커게임에서 자신의 패가 상대방보다 좋지 않을 때 상대를 기권하게 할 목적에서 거짓으로 강하게 대응하는 것을 말한다. 북한이 핵실험을 빌미로 자주 사용하던 벼랑끝 전술을 이에 빗대어 블러핑 전략이라고 부르기도 한다.

상대는 당신의 무지를 이용하고픈 유혹을 느낄 수도 있다.

▶▶ 협상의 첫 단추

인간관계 형성에서 첫인상이 미치는 영향은 매우 크다. 어느 무엇보다 합리적이고 이성적인 기준이 우선될 것 같은 비즈니스 자리에서도 첫인상이 주는 심리적 영향은 비즈니스 결과에 크게 반영된다. 따라서 당신은 협상테이블에 나가기 전에 어떤 모습으로 나갈지, 상대와 처음 마주했을 때 어떻게 말머리를 열지, 어떤 의제부터 시작해 대화를 이어갈지 등을 세심히 고민해야 한다.

• 공통점으로 시작하라

협상은 이해관계가 서로 다른 사람끼리 만나 의사소통하는 과정이기 때문에 당연히 갈등 요소가 존재한다. 하지만 처음부터 이해관계를 놓고 다투기 시작하면 서로에게 부정적인 인상을 주기 쉽고 결과 또한 좋지 못할 확률이 크다.

그렇다면 어떻게 시작해야 할까? 서로가 지닌 공통점으로 시작해 긴장되고 어색한 분위기를 깨는 것이 좋다. 이를 소위 아이스브레이킹(icebreaking)이라고 한다. 이때 대화의 주제는 날씨나 스포츠, 건강, 뉴스속보 등과 같이 서로 공감대를 형성할 수 있는 것으로 선택하라. 피해야 할 주제는 정치나 종교, 또는 시사적으로 민감한 이슈 등이다. 이런 주제들에는 각자의 가치관이 투영되기 때문에 자칫 협상을 시작하기도 전에 말다툼할 거리가 생길 수 있다.

사람은 만나서 몇 마디 주고받다 보면 상대가 내게 적대적인지 호의적인지 금방 알 수 있다. 심지어 상대에 대한 첫인상이 결정되는 데 불과 3초밖에 걸리지 않는다는 것이 뇌과학자들의 분석이다. 그러므로 협상테이블에서 상대와 처음 마주했을 때는 거만하지 않은 자연스러운 태도를 취하고, 상대의 관점을 존중하는 듯한 모습을 보이는 것이 좋다. 상대가 당신에게 호감을 가지든가 아니면 최소한 중립적인 느낌을 갖도록 해야 한다.

• 덕담부터 시작하라

협상테이블에 앉자마자 "본론으로 들어갑시다"라든가 "거두절미하고 뭘 원하십니까?"라고 하면서 곧바로 협상에 돌입하는 이들이 있다. 마치 두 번 다시 마주하고 싶지 않다는 사람들처럼 말이다. 그러나 노련한 협상가들은 상대를 처음 대면했을 때에는 덕담을 건네면서 분위기를 편안하게 만든다.

"이번 협상이 잘 진행되어 미래의 비즈니스 파트너가 되길 희망합니다."

"귀사처럼 훌륭한 회사와 자리를 같이 하여 영광입니다."

이런 식으로 서로 협력하는 분위기를 조성한 후 공통의 주제로 아이스브레이킹을 하고 나서 당일 논의할 협상의 목적이나 목표에 대해 가볍게 이야기를 꺼낸다. 상대를 처음 만날 때는 칭찬거리나 장점을 미리 생각해두고 나가는 것이 좋다. 협력적인 분위기는 창의적인 문제 해결로 이어진다는 점을 기억하자.

• 의제를 조율하라

의제(agenda)란 협상에서 논의할 대상, 즉 안건을 의미한다. 의제는 단순하게 하나일 수도 있지만 대부분 여러 가지인 경우가 많다. 사람들은 대개 하나의 목표만을 가지고 협상하지 않는다. 아파트를 살 때 매입자의 목표는 당연히 '싸게 사고 싶다'인 것처럼 보이지만, 조금 더 깊이 생각하면 '이사는 내가 원하는 날짜에 하고 싶다', '중도금이나 잔금 지불은 천천히 하고 싶다', '계약금은 적게 주고 싶다', '비가 새는 베란다와 우수관은 미리 수리하고 싶다' 등등 여러 가지가 있을 수 있다.

개인적인 협상도 그럴진대 비즈니스 협상은 더욱 복합적이다. 가격 이외에 품질이나 납기, A/S기간, 대금지불조건 등 조율해야 할 의제가 다양하다. 이렇게 서로 다른 안건들의 상관관계와 우선순위를 파악해두지 않는다면 협상 결과에서 실익을 챙길 수 없다. 여러 안건들이 혼재되어 있을 때 어떻게 조율하느냐에 따라 협상 결과는 달라진다.

그렇다면 어떤 안건부터 다루는 것이 좋을까? 쉬운 것부터 시작하는 것이 좋다. 간혹 중요한 안건부터 해결해야 나머지도 쉽게 풀린다고 생각하지만 그렇지 않다. 중요한 안건일수록 서로 이해관계가 첨예하게 대립되기 때문에 답이 나오지 않는 경우가 많다. 또 어느 한쪽의 손실이 상대편의 이득처럼 보이는 제로섬 게임으로 번질 우려도 있다. 따라서 언제나 의견 일치를 쉽게 볼 수 있는 안건부터 협상을 시작하는 것이 좋다. 초기에 합의를 봄으로써 양측이 신뢰도 쌓고 긍정적인 문제해결 분위기를 조성할 수 있다. 이런 방식은 나중에 의견 조율에 어려움이 있더라도 서로가 극복하려는 자세로 임하게 만드는 효과를 낳는다. 즉 협상하는 과정이 일종의 투자를 하는 것이라는 이른바 '투입효과'를 볼 수 있게 된다.

▶ 진행 – 어떻게 제안하고, 수용하고, 양보할 것인가

협상의 진행 단계에서는 양측이 다양한 제안을 하고 양보하는 과정을 거치게 된다. 이때 제안과 양보는 치밀한 전략을 바탕으로 기술적으로 행해져야 한다. 협상의 주도권을 잡으려면 누가, 언제, 어떻게 제안하는 것이 효과적인지, 양보할 때는 어떻게 '가치 있는 양보'를 이끌어낼지 등을 여러 사례를 보면서 고민해보자.

▶▶ 탐색하기

본격적으로 협상에 돌입했다면 이제 당신이 첫 번째 할 일은 사전에 조사한 내용을 탐색(확인)하는 일이다. 조사 과정에서 당신은 여러 추정과 가정을 했을 것이다.

'상대가 원하는 임대료 수준은 평당 1만 5,000원 정도일 것이고 단기 임대를 선호할 것이다.'

'납품단가는 개당 500원을 고수한다는 정보가 있다.'

협상을 성공적으로 이끌기 위해서는 이렇게 조사하고 추정한 사항을 확인하는 작업이 필요하다. 그렇다면 서로의 욕구를 감추기 마련인 협상테이블에서 당신이 사전에 조사한 사항들이 맞는지 어떻게 확인할 수 있을까?

• 질문을 던져라

상대의 생각을 알아보는 지름길은 질문이다. 현명한 협상가는 자신이 세웠던 가정이나 추정이 정확하지 않을 수 있다는 점을 인지하고, 그로 인해 발생될 수 있는 실수를 방지하기 위해 반드시 확인하는 과정을 거친다. 물론 당신의 질문에 상대가 대답할 거라는 보장은 없다. 그러나 분명한 것은 질문하지 않는 것보다는 했을 때 답변을 들을 가능성이 더 높다는 것이다.

• 부드럽게 우회적인 질문을 던져라

질문의 최종 목표는 무엇인가? 당신이 사전조사를 통해 추정하고 세웠던 가정을 확인하는 것이다. 좀 더 깊이 들어간다면 상대의 숨은 의도를 파악하고 협상에서 얻어가려는 마지노선까지 알게 되는 것이다. 그런데 이러한 사항을 파악하려면 직설적으로 최종 수치를 물어서는 안 된다. 어떤 협상가가 자신의 마지노선을 쉽게 공개하겠는가. 노련한 협상가는 상대가 대답할 만한 질문을 먼저 우회적으로 던진 후 점진적으로 대답을 유도한다. 예를 들어, 당신이 갖고 있는 대도시 상가 근처의 주택지를 매각하려는 경우를 살펴보자. 주변 지역이 대부분 상업용지라서 택지에서 상업용지로 바뀔 여지가 있는 곳이다. 만에 하나 택지에서 상업용지로 용도변경이 된다면 땅값은 두 배 이상 오를 것이다. 마침 개발 정보를 입수한 사람이 나타나 토지 구입에 관심을 보이고 있다. 하지만 상대가 그 정보를 가지고 있는지 아닌지 불확실한 상황에서 어떻게 탐색할 수 있을까? 일단 열린 질문을 툭 던져본다.

"아무래도 선생님의 이야기를 들어보고 협상을 시작하는 게 좋을 것 같네요. 이렇게 좋은 토지를 어디에 이용하실 계획인가요?"

이렇게 얘기하면 상대는 속마음을 보여주지 않을 가능성이 있다. 땅값을 싸게 치르려는 욕심 때문이다. 상대는 당연히 해당 택지의 가치를 폄하하는 발언을 하기 쉽다. 이때 상대가 이런 답변을 하지 않게끔 슬쩍 우회적인 발언을 하는 것이 좋다.

"이 땅의 효용성이 매우 높지요? 이렇게 활용 가능성이 높은 땅에 어떤 어리석은 사람들은 집이나 지으려고 하더라고요."

해당 부지를 택지로만 보는 것은 단순한 생각이라는 의미를 담아 유도성 질문을 하는 것이다. 이런 얘기를 들으면 상대는 당신의 논리에 동조하거나 또 다른 정보를 흘릴 가능성이 있다. 여기서 멈추지 말고 한 발자국 더 나가보는 것도 방법이다.

"만약 상업용지로 개발된다면, 가치가 매우 높아질 겁니다. 그 점을 염두에 두고 계신 거죠?"

이렇게 점진적으로 질문을 던지면서 상대가 거짓말을 하기 어렵도록 만든다. 용도 변경에 대한 기대치를 당신 또한 갖고 있다는 생각을 하게 만드는 것이다. 이 접근 방식이 유효한 이유는 매각 토지 가치에 대한 기준선을 올려주고 상대의 생각에 앵커링 효과(anchoring effect, 닻내림 효과)**를 낼 수 있기 때문이다. 이는 상대방의 생각의 프레임을 다시 잡아주는 커뮤니케이션 기술이라고 할 수 있다.

협상이란 원래 불확실한 것이다. 상대가 어떻게 나올지 알 수 없고 협상의 상황 또한 수시로 변하기 때문이다. 불확실 속에서 실익을 챙기려면 상대의 생각을 읽어야 한다. 노련한 협상가는 시작 전에 조사해둔 정보를 확인하기도 하지만, 협상 도중에 상대를 탐색하는 과정에서 발굴한 점도 활용할 줄 안다. 상대의 의중을 꿰뚫을 수 있는 날카로운 질문을 던져보면서 반응을 유심히 살펴라. 눈을 다른 곳으로 돌린다든지, 손바닥을 비빈다든지, 안색이 변하는 순간을 놓치지 마라. 때로는 구체적인 말보다 비언어적인 표현이 더 많은 것을 알려줄 때가 있다.

** 앵커링 효과는 배가 닻(anchor)을 내리면 닻과 배를 연결한 밧줄의 범위 내에서만 움직일 수 있듯이, 처음에 인상적이었던 숫자나 사물이 기준점이 되어 그 후의 판단에 왜곡 혹은 편파적인 영향을 미치는 현상을 일컫는다.

▶▶ 제안하기

"먼저 제안할 것인가, 상대의 제안을 기다릴 것인가?"

강의 도중 이 질문을 던지면 수강생들은 대부분 먼저 제안을 해서는 안 된다고 주장한다. 상대방의 제안을 들어보아야 그 속에서 정보를 얻을 수 있고 상대의 의중을 파악할 수 있다는 논리에서다. 반대로 어떤 수강생들은 자신이 먼저 제안함으로써 협상의 주도권을 쥐고 원하는 방향으로 이끌 수 있다고 말한다.

어느 것이 맞을까? 정답은 '상황에 따라 다르다'이다. 그렇다면 그 '상황'이라는 것이 어떤 것일까? 그것은 협상에 대한 정보와 수집한 자료가 충분하냐 그렇지 못하냐에 따라 좌우된다. 즉, 당신이 수집한 정보와 자료가 충분하다면 먼저 치고 들어가는 것이 유리하다. 첫 제안을 함으로써 얻을 수 있는 가장 큰 이점은 기선을 잡을 수 있다는 것이다. 먼저 제시하는 쪽이 일단 협상 분위기를 주도할 수 있다는 장점이 있다. 다만 충분한 정보 없이 첫 제안을 하게 되면 '승자의 저주'***에 걸릴 수 있다.

인도 재래시장에서 벌어진 카페트 매매 협상을 살펴보자. 홍콩에서 주재하던 중 어느 날 인도로 출장을 가게 되었다. 하루 종일 미

*** 승자의 저주란, 경쟁에서는 이겼지만 승리를 위하여 과도한 비용을 치름으로써 오히려 위험에 빠지게 되거나 커다란 후유증을 겪는 상황을 뜻하는 말이다. 예를 들어 M&A 또는 경매 등의 공개입찰 때 치열한 경쟁에서 승리하였지만 실제 물건의 가치가 당신이 지불한 금액보다 낮은 것으로 드러나면, 당신은 경쟁에서 이기고도 손해를 보는 상황이 발생한다. 이것이 승자의 저주이다.

팅을 한 후 저녁에 바람을 쏘일 겸 재래시장에 나가보았다. 재미있게 구경을 하다가 마음에 드는 물건을 보게 되었다. 페르시안 문양의 카페트인데 만져보니 실크처럼 촉감이 너무 좋았다. 작은 것을 아파트 현관에 두고 사용하면 좋을 것 같아서 가격을 물었다.

"아주머니, 이거 얼마입니까?"

카페트를 파는 아주머니가 나를 쓱 한번 쳐다보더니 100달러라고 했다. 원화로 환산하니 당시 환율로 12만원 정도였다. 그 정도 가격이면 큰 부담이 없는 것 같아서 지갑을 꺼내 100달러를 주려다가 딱 멈췄다. 낮에 현지 가이드에게 들은 말이 생각났기 때문이다. 특히 '재래시장에서 물건을 살 때는 절대 달라는 대로 주면 안 된다'는 것이었다. 지갑을 도로 집어넣고 협상을 하기로 했다. 나름대로 머리를 굴려 절반 가격에 후려치면 되겠다 싶어 말했다.

"아주머니, 이거 50달러에 합시다."

그랬더니 그 아주머니가 나를 다시 한 번 쳐다보더니 "50달러, 오케이!" 하는 것이 아닌가. 내가 제시한 가격에 거래가 이루어진 것이다. 하지만 기분이 묘했다. 50달러를 지불하고 카페트를 가져오는 마음이 영 개운치 않았다. 뭔가 찝찝했다. 왠지 모르게 바가지를 썼다는 생각이 들고, 좀 더 가격을 알아보고 살걸 하는 후회가 들기도 했다. 호텔로 돌아오는 내내 그런 기분을 지울 수가 없었다.

왜 이런 결과가 나타나게 되는 것일까? 가장 큰 원인은 바로 정보가 충분하지 않은 상황에서 내가 먼저 제안을 했기 때문이다. 내가 원하는 물건을 내가 정한 가격에 거래를 했음에도 불구하고 이렇게 후회가 드는 것이 바로 '승자의 저주'이다.

협상에서 누가 먼저 제안을 할 것인가는 매우 중요하다. 협상의 분위기를 이끌 수 있고 주도권을 가질 수 있기 때문이다. 다만 수집된 정보가 불충분하고 확신이 없을 때는 먼저 제안하지 말고 상대가 제안하도록 유도하라. 상대의 제안을 듣고 나서 당신이 역제안을 하는 것이 더 현명할 수 있다.

제안은 명확히, 그리고 높게 하라

우리가 협상을 하는 목적은 상대로부터 좀 더 나은 조건을 이끌어내기 위함이다. 더 나은 조건으로 상대와 합의를 이루려면 어떻게 제안하는 것이 좋을까?

먼저, 제안을 할 때는 명확하고 딱 부러지게 해야 한다. 모호한 제안은 하지 않는 것만 못하다. 언젠가 어떤 모임에 참석하여 일행들과 중식당에서 식사를 한 적이 있었다. 그때 일행 중 한 사람이 총무에게 "주문하기 전에 흥정하여 1인당 2만원 범위 안에서 메뉴를 골라봅시다"라고 했다. 그러나 모임의 총무는 이 제안이 마음에 들지 않았는지 종업원이 오자 "음식 값을 한 10% 정도 깎아주시지요" 하고 모호한 제안을 해버렸다. 총무는 적극적으로 할인을 요구하지도 않았고 종업원 역시 아무 대답도 하지 않았다. 합의된 것은 아무것도 없었다. 결국 계산서에는 할인되지 않은 금액이 적혀 있었다. 뒤늦게 종업원에게 항의해보았지만, 그는 매니저가 자리에 없으며 자신에게는 할인해줄 만한 권한이 없다고 짤막하게 대답했다.

제안을 분명히 하지 않으면 이런 사태가 발생할 수 있다. 상대는 제안을 받을 때 당신의 태도와 말투, 그리고 구체성에 따라 다르게 대응한다. 애매모호한 제안은 정식 제안으로 받아들이지 않는 경향이 있다. 심지어 두루뭉술한 제안은 협상에 임하는 당신의 가치를 폄하하기도 한다.

그렇다면 제안을 할 때 목표치로 잡은 가격보다 높게 하는 것이 좋을까, 아니면 낮게 하는 것이 좋을까? 미국의 미시간대학교 MBA 스쿨에서는 캠퍼스 내 학생 800명을 대상으로 400명씩 두 그룹으로 나누어 실험을 했다. 똑같은 물건을 파는데 A그룹에는 첫 제안을 700달러 이상으로, B그룹에는 700달러 이하로 했더니 재미있는 결과가 나왔다. A그룹의 합의금액은 평균 625달러였고 B그룹은 평균 425달러였다. 동일한 물건을 단지 제안가격만 달리했을 뿐인데 가격 차이는 평균 200달러나 났다.

이 실험으로 알 수 있듯이 제안가격이 높으면 합의금액도 높게 나오는 경향이 있다. 왜 이런 현상이 생기는 것일까? 그것은 인간 심리에 작용하는 앵커링 효과(anchoring effect)에 기인한다. 앵커링 효과란 이른바 '닻내림 효과'다. 배에서 앵커(닻)를 내리면 배가 멀리 가지 못하고 주변에서 머물게 된다. 협상에서도 이와 유사한 상황이 발생하게 된다. 어느 선이 공평한지 또는 적절한 가격인지 불확실한 상황에서 누군가 구체적인 숫자를 제시하게 되면 제시된 숫자나 조건에서부터 협상이 시작되기 때문이다. 그렇게 해당 지점이 심리적 기준선이 되는 경우가 많은데, 이 같은 심리를 이용하여 목표치를 높게 설정하면 협상을 유리하게 이끌 수 있다. 이것은 협상에서 자주 사용되는 전술의 하나로 '에임 하이(aim high)'라고 한다. 에임 하이가 주는 장점은 다음과 같다.

첫째, 가격을 높게 제안함으로써 해당 물건이나 조건의 가치에 대해 상대가 다시 한 번 생각하게 하는 효과가 있다. 예를 들어, 마트 매장에 가보면 진열된 두부 종류가 여러 가지이고 가격도 천차만

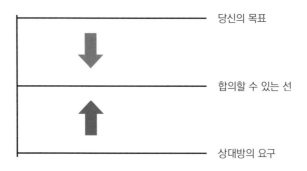

별이다. 당신은 비싼 두부를 보면서 어떤 생각을 하게 되는가? 대개 '아니, 이건 뭐길래 가격이 비싼 거야?'라는 생각을 하지 않는가? 포장지에 나타난 성분에서 특별한 점을 발견하지 못했더라도 '잘 모르겠지만 가격이 비싼 이유가 있겠지'라고 추측하게 되는 것이다.

둘째, 일단 가격을 높이면 상대에게 양보할 수 있는 여지가 커진다. 높은 가격을 제안했던 만큼 양보의 폭 또한 커질 수 있다. 제안을 하고 나서 상대가 선뜻 받아주리라고 기대하는 사람은 별로 없다. 제안을 받은 상대 또한 일단 '노'라고 하는 게 당연하고 뒤이어 가격 협상을 하게 된다. 이때 양보해줄 수 있는 여지가 많은 경우와 적은 경우가 있다면 어느 쪽이 협상을 유리하게 이끌 수 있는지는 분명하다. 그러니 허용된 범위 내에서 최상을 불러라. 높은 목표를 설정하면 높은 금액으로 합의를 이룰 수 있다. 요구하지 않으면 얻지 못하는 것이 협상이다.

이렇게 유리한 점이 많은 에임 하이이지만, 실제 협상에서 이를 활용하기를 주저하는 이들이 많다. 그 이유는 상대가 '터무니없는 조건이라고 생각하지 않을까', '자칫 협상이 깨지지 않을까', '결국 상대와의 관계가 훼손되지 않을까' 하는 불안한 심리적 요인이 작용하기 때문이다. 특히 주변 사람들을 의식하는 경향이 많은 협상가들은 더욱 그러하다. 반면 개인주의가 발달한 서구 문화권 협상가들을 보면 뻔뻔하다는 생각이 들 정도로 에임 하이에 능숙하다. 일단 높게 제안해놓고 상대를 밀어붙인 후 그다음을 생각하는 경향이 강하다. 만약 이런 경향의 외국인을 상대로 협상한다면 에임 하이에 휘둘릴 수 있음을 경계해야 한다.

중요한 것은 에임 하이를 주저하지 말되, 합리적인 논리와 근거를 바탕으로 제대로 해야 한다는 것이다. 아무 근거 없이 제안하는 것은 한번 툭 던져보는 것에 지나지 않는다. 이런 성의 없는 제안 방식은 협상 상대자 간에 신뢰를 잃게 하는 행동이다.

▶ ▶ ▶

일상에서 쉽게 겪을 수 있는 상황을 통해 협상에서 가격 제안을 어떻게 해야 할지, 에임 하이는 어떤 때에 하는 것이 효과적인지 등을 생각해보자.

거실에 오랫동안 놓아두었던 중고 피아노를 팔려고 내놓았다. 이사 가는 아파트가 좁아 고민 끝에 면적만 차지하고 별로 쓰지 않는 피아노를 처분하려고 하는 것이다. 그런데 마침 어떤 사람이 관심을 가지며 가격을 물어본다. 이때 여러분은 어떻게 할 것인가? 다음과 같이 몇 가지 대응 방법이 있다. 어떤 방법이 좋을지 생각해보라.

- 당신이 받을 수 있다고 생각한 최대의 가격을 부른다.

- 어차피 팔기 위한 것이니 가격을 대폭 낮춰 부른다.

- 상대방이 염두에 둔 가격이 얼마인지 물어본다.

- 아내 핑계를 대며 최소한 얼마는 받아야 한다고 둘러댄다.

이외에도 대응방안이 더 있을 수 있지만 네 가지로 한정하여 하나씩 검토해보자. 먼저 받을 수 있다고 생각한 최대의 가격을 부른다면 어떨까. 이 경우 상대는 구매 의사를 포기할지도 모른다. 예상 외로 비싸다고 여겨 다른 곳으로 가버릴 수 있다. 따라서 상대가 어느 정도 가격에 사려는지 정보가 없다면 이 방법은 별로 좋지 않다. 하지만 당신이 중고 피아노 시세 정보를 잘 알고, 왜 이 가격인지에 대해 상세하게 설명할 수 있다면 나쁘지 않은 방법이다.

두 번째, 가격을 대폭 낮춘 경우에는 어떨까. 당신이 제시한 가격을 상대가 그대로 수용할까? 모르긴 해도 상대는 또다시 가격을 낮추려고 할 가능성이 높다. 빨리 처분하고 싶은 당신은 부득이 그 가격에 동의할 수도 있다. 어쩌면 말도 안 되는 가격에 처분할 여지도 보인다. 그러면 차라리 동네 재활용센터에 파는 것이 더 마음이 편할 수 있다.

세 번째, 상대방에게 얼마면 사겠냐고 물어보는 방법은 어떨까. 상대방이 가진 정보를 들어보고 나서 적절하게 대응하면 되니 이 방법이 가장 현명할 수도 있다. 그런데 자칫 협상의 주도권을 넘겨줄 수도 있다는 점은 경계해야 한다. 상대가 이러저러한 이유를 대며 가격을 낮출 수 있고, 그렇게 되면 목표 가격을 받을 확률이 낮아진다.

네 번째, 아내 핑계를 대면서 최소한의 가격을 부르는 것은 정말 좋은 방법이다. 이 경우 두 가지 옵션이 생기기 때문이다. 첫째, 상대가 비싸다고 하면 이 가격이 최소한의 가격이라고 일단 주장해본 다음 그래도 상대가 물러설 것 같지 않으면 "그럼 아내랑 상의해보죠"라고 하면서 슬쩍 빠져나갈 수 있다. 둘째, 상대가 지나치게 가격을 깎을 경우 "아마 아내가 반대할 겁니다"라고 하면 가격인하를 고집하지 않을 수 있다.

상기 사례에서 아내가 정말 가격결정권을 가지고 있는지 아닌지는 중요하지 않다. 유사 시 기댈 수 있는 지렛대를 활용한다는 점에 의미가 있다. 본인의 협상 상황이 불리하거나 협상력이 약할 때 기댈 수 있는 제3자가 있으면 좋은 결과를 기대할 수 있다. 프로야구 선수들이 구단주와 연봉협상을 할 때 본인이 직접 나서는 것보다 에이전트라는 대리인을 내세워 더 나은 결과를 이끌어내는 것과 같은 이치다.

상대방 제안에 주의해야 할 포인트 세 가지

협상에서 상대방의 제안 속에는 많은 의미가 내포되어 있다. 제안 내용에는 정보뿐만 아니라 상대의 의도도 포함되어 있다. 아래와 같은 세 가지 측면을 주의한다면 협상의 흐름을 효과적으로 가져갈 수 있다.

첫째, 상대방의 첫 제안이나 요구를 진정한 의도로 속단하지 마라. 심리학자들의 분석에 의하면 사람들이 자신의 생각을 말로 표현할 수 있는 정도는 불과 7~8%밖에 되지 못한다고 한다. 마치 빙산의 일각과 같다는 얘기다. 나머지는 말로는 표현하기 힘든 잠재의식이나 복잡한 심경 속에 담겨 있다는 것이다. 따라서 상대방의 말이나 제안을 액면 그대로 수용하면 안 된다. 내면에 깔린 상대의 의도는 질문을 통해 하나씩 파악해가자.

둘째, 상대의 제안에 포함된 정보를 최대한 이끌어내라. 처음 상대와 마주할 경우 대부분 정보 공개를 꺼리게 된다. 혹시 공개했다가 역이용당할까 봐 우려하기 때문이다. 하지만 서로가 윈윈하는 상생의 협상을 이루기 위해서는 협상 참가자 간에 정보를 많이 나누고 공유해야 한다. 서로에 대해 모르면 얻을 수 있는 게 없기 때문이다. 정보 공개에 대해 상대가 어떤 우려를 하는지 당신이 잘 이해하고 있다는 점을 주지시키면, 점차 경계심이 누그러지고 신뢰를 형성할 수 있다. 신뢰는 하루아침에 쌓을 수 있는 것이 아니다. 한쪽이 위험 감수를 하면 다른 쪽이 보답하는 식으로 주고받기를 하다 보면, 자연스럽게 서로 문제 해결을 위해 공동으로 노력하게 된다.

셋째, 상대의 제안에 부정적인 멘트는 하지 마라. 상대로부터 정확한 정보를 얻고 싶다면 부정적인 멘트는 피해야 한다. 부정적인 멘트는 상대의 기분을 상하게 하고 불안하게 만들어 서로 간에 정보 교환, 의사소통을 가로막는다. 예를 들어, 회사에서 직원이 좋지 않은 소식을 전할 때면 리더가 즉각 야단을 치고 화를 내는 경우를 생각해보자. 그렇게 매번 리더가 좋지 않은 피드백을 보여준다면 직원들은 아예 나쁜 소식을 전하지 않거나 정보를 왜곡할 것이다.

이러한 점들을 주의해 상대방의 제안을 듣고 상대가 얘기할 때는 되도록 본인의 말을 줄이는 것이 좋다. 그래야 상대를 제대로 파악할 수 있다. 협상테이블에서 상대의 얘기를 듣고 있으면 당장 반박해야겠다는 마음이 앞서고 조급해지기 쉽다. 그래서 상대의 말을 가로막고 내가 하고 싶은 말만 하다 보면, 상대 역시 내 얘기에 귀 기울이지 않고 결국 협상은 어렵게 된다. 협상을 원활히 진행해나가려면 입은 닫고 귀는 열어야 한다. 아울러 상대가 말하는 내용도 중요하지만 태도와 눈빛까지도 놓치지 않아야 한다. 때로는 말로 표현되는 것보다 말로 표현되지 않는 것에 더 중요한 의미가 담겨 있을 수 있다.

▶▶ 양보하기

협상에서 상대와 원만한 합의를 이루기 위해서는 양보가 필요하다. 양보는 상대에게 성취감을 주고 당신이 관대하다는 인상을 심어줄 수 있기 때문이다. 그런데 양보는 매우 기술적인 영역에 속한다. 똑같은 양보라고 하더라도 당신이 어떻게 양보했느냐에 따라 상대의 인식이 바뀐다. 예를 들어, 목표가격 5만 달러짜리 물건을 에임 하이를 하여 5만 9,000달러를 불렀다고 하자. 분명히 상대는 당신에게 양보를 요구할 것이고 당신도 내심 9,000달러를 양보할 생각을 하고 있다. 이때 양보할 수 있는 방법은 여러 가지가 있을 수 있지만 편의상 세 가지 패턴으로 한정시켜 살펴보자.

(단위: 달러)

양보 방법	첫 번째 양보	두 번째 양보	세 번째 양보	양보 총액
1안	2,000	3,000	4,000	9,000
2안	3,000	3,000	3,000	9,000
3안	4,000	3,000	2,000	9,000

만약 당신이라면 어떤 양보 방법을 택하겠는가? 하나씩 평가해 보기로 하자.

우선 1안의 양보 방법은 좀 위험할 수 있다. 상대가 양보를 요구할 때마다 그 폭이 커지기 때문이다. 2,000, 3,000, 4,000달러 식으로 점점 커지는 것을 볼 수 있다. 물론 현실에서는 이런 식의 양보는 있을 수 없다. 하지만 이를 지켜보는 상대의 생각을 읽어야 한다. 상대는 도대체 어떤 가격이 제대로 된 가격인지 의혹이 커질 수밖에 없다. 혹자는 막판에 통 큰 양보를 하는 것 아니냐고 우기기도 한다.

하지만 그 과정에서 생기는 상대의 의혹은 어떻게 감당할 것인가.

2안은 소위 '자판기'식이라 부르는 것으로 지양해야 할 양보 방법이다. 한 번 양보를 요구할 때마다 똑같은 금액으로 양보한다면 상대는 끊임없이 양보를 요구할 것이다.

3안은 첫 번째 양보에서 4,000, 그다음에 3,000, 그리고 2,000달러 식으로 양보의 폭을 점점 줄이는 것으로 협상에서 가장 효과적으로 활용할 수 있는 방법이다. 이런 방법을 '깔때기'식 양보라고 한다. 이렇게 양보하면 상대는 '오, 이제 바닥까지 왔구먼' 또는 '더 이상 양보의 여지가 없겠는데'라는 생각을 갖게 된다. 바로 그 점을 노리는 것이다. 위 표에서 1안, 2안, 3안의 양보 총액은 동일하다. 하지만 상대가 느끼는 점은 다르다. '깔때기'식 양보를 점진적으로 하다 보면 상대가 한계점에 왔다는 인식을 하게 된다. 협상은 결국 인식의 싸움이다. 같은 양보 폭이라고 하더라도 상대의 인식이 변한다는 점을 고려하자.

가치 있는 양보를 하라

협상에서 양보를 할 때는 당신의 양보에 '가치'를 부여해야 한다. 절대로 상대의 요구를 아무런 대가 없이 수용하는 '공짜 양보'를 해서는 안 된다. 손쉽게 받아낸 양보에 대해 상대는 잠깐 기분 좋아할 수는 있지만 가치를 인정하지는 않는다. 열심히 일해서 번 5만원과 길에서 우연히 주운 5만원의 가치는 다르다. 손쉽게 얻은 돈은 가볍게 써도 거부감을 느끼지 못한다. 이런 현상을 이스라엘의 경제학자 마이클 랜즈버그(Michael Landsberger)는 '공돈 효과(house money effect)'라고 정의했다.

양보를 쉽게 얻으면 어느새 잊어버리고 또 다른 양보를 요구하는 것이 협상의 생리다. 따라서 상대가 당신의 양보를 얻기 위해서 노력하게 해야 한다. 당신의 양보를 극대화하기 위해서는 대화의 기술이 필요하다. 예를 들면 "회사의 내부 기준을 따라야 하는 일이라 저로서는 난처하네요" 또는 "그건 조금 어렵겠는데요"라고 슬쩍 난감하다는 표현을 하면서 이 요소가 매우 중요하고 큰 가치를 지닌 것임을 드러내라. 양보는 서둘러서는 안 된다. 천천히 그리고 하나씩 하되 교환을 염두에 두고 "만약 그렇게 해주신다면 저희는 이렇게 해드릴 수 있습니다" 하면서 당신이 양보한 만큼 상대도 양보하도록 유도해야 한다. 그래야 서로 공평하다는 분위기가 형성된다.

한편, 양보에도 순서가 있다. 협상을 하다 보면 안건이 한두 가지로 끝나는 경우는 드물다. 양보해야 하는 요소도 여러 가지다. 쉬운 양보가 있고 어려운 양보가 있을 수 있다. 당신이 가진 양보보따리를 한꺼번에 풀어서는 안 된다. 당신의 또 다른 양보가 있다는 것을 상대가 눈치채게 해서도 안 된다. 상대를 탐색하면서 양보할 수 있는 요소를 정리하고 각 요소마다 중요도와 우선순위를 매겨두면 효과적이다. 양보의 순서는 우선순위가 낮은 것부터 하나씩 해가면 된다.

앞서 말했듯이 같은 요소라고 해도 상대와 우선순위가 다를 수 있다. 당신에게 가격은 매우 중요하지만 상대에게는 가격보다 납기일이 더 중요할 수 있다. 예를 들어 상대 회사의 생산 공정에 문제가 생겨 원자재 수급이 급박하게 돌아가는 경우, 가격도 물론 중요하지만 더 중요한 것은 납품 일정일 것이다. 이럴 때 당신의 납기일 준수와 상대의 가격 간에 양보와 교환이 이루어질 수 있다. 당신에게 납기일이 덜 중요하다고 해서 상대방보다 먼저 양보해서는 안 된다. 순서와 해당 요소의 조건에 따라 상대를 기분 좋게 만들면서 양보하면 된다.

한 가지 더 감안해야 할 점은 당신이 양보했을 때 상대에게 어떤 가치가 생기는지 알아보는 일이다. 상대 회사에 어떤 장애요인을 해결할 수 있고, 얼마나 많은 비용을 절감하게 되는지를 파악하자. 그 가치가 크면 클수록 당신의 양보는 더욱 소중하게 여겨질 것이다. 협상에서 양보는 기술적인 영역이다. 상대가 원하는 양보는 내주되 전략적으로 행하라. 그래야 실익을 챙길 수 있다.

▶▶ 합의가능구역 '조파'

협상에서 서로가 합의하는 결과를 도출하는 가장 흔한 방법은 소위 '반퉁'이다. 반반씩 양보하여 중간지점에서 합의하는 방법이다. 하지만 4장에서도 언급했듯이 이 방법은 결코 바람직하지 않다. 제로섬 게임의 늪에 빠지게 되고 결과에 대해 납득하기 어려워 신뢰 관계를 형성하지 못한다. 그렇다면 어느 정도 선에서 합의하면 좋을까. 합의할 수 있는 구간을 안다면 이 문제를 보다 쉽게 해결할 수 있다.

조파(Zone of Possible Agreement, ZOPA)는 합의가능구역이라는 의미로, 상대와 당신의 협상포기한계선(마지노선) 사이의 구역을 말한다. 예를 들면, 물건을 팔려는 사람의 최저판매가격과 사려는 사람의 최고구입가격 사이의 구역을 의미한다. 판매자는 판매한계선 이상에서 물건을 팔려고 할 것이고, 구매자는 구입한계선 이하

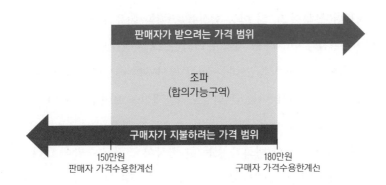

판매자가 받으려는 가격 범위

조파
(합의가능구역)

구매자가 지불하려는 가격 범위

150만원
판매자 가격수용한계선

180만원
구매자 가격수용한계선

에서 합의하려고 할 것이다. 이 구역 내 어떤 지점에서든 양측이 동의만 한다면 최종 거래가 성립될 수 있다. 많은 협상가들이 알게 모르게 이 구역 내에서 밀고 당기는 협상을 하고 있다. 만약 조파를 알게 되면 당신은 협상을 통해 이익을 최대화시킬 수 있을 것이다.

조금 전에 언급한 중고 피아노 매매 협상 사례를 가지고 조파를 만들어보자. 판매자는 최소한 150만원은 받아야 한다고 생각한다. 새 것을 사려면 300만원은 주어야 하기 때문이다. 한편 구매자는 피아노의 보관 상태가 괜찮고 조율에 문제가 없다면, 새 피아노 가격의 60% 정도인 180만원까지는 지불할 의사가 있다. 이 경우 합의 가능구역, 즉 조파는 150만원과 180만원 사이가 된다. 이 구역 내에서 양측이 협상하기에 따라 최종합의 가격이 결정되는 것이다.

조파를 설정하는 또 다른 방법은 상대와의 협상이 결렬되었을 때 당신이 택할 수 있는 최선의 대안, 곧 배트나를 활용하는 것이다. 당신의 배트나가 제시한 가격이나 조건이 있을 것이다. 그것을 '유보가치(reservation value)'라고 한다. 유보가치란 상대와 협상하기 위해 잠시 유보해둔 가치라는 뜻이다. 상대가 제시한 조건이 이 유보가치보다 못하다면, 더 이상 협상을 진행할 이유가 없다. 당연히 제3자(배트나)와 협상하는 것이 유리하다. 그건 상대도 마찬가지다. 요컨대 합의가능구역 즉 조파는 협상 당사자의 배트나와 유보가치가 무엇인지 말해주며, 이는 곧 협상포기한계선을 보여주는 것이다.

한편, 협상에 따라서는 조파가 존재하지 않을 수도 있다. 이 경우에는 특별한 상황 변화가 없는 한 협상이 결렬될 수밖에 없다. 앞의 중고 피아노 사례에서 판매자가 최소한 150만원은 받아야 한다고 생각하는데, 구매자가 반값도 안 되는 70만원에 사겠다고 하면 거래는 성사되기 힘들다. 양측의 조파가 존재하지 않는 것이다.

어떤 경우에는 협상포기한계선을 결정하기 힘들 때가 있다. 예를 들어, 영업직원인 당신이 회사의 제품을 판매하려고 하는데 구매 담당자가 계속해서 가격 할인을 요구한다면 어떨까. 다른 구매자가 나타날지 알 길도 없고 이번 달 매출 목표는 요원한 상황에서 당신은 거래를 할 것인지 아니면 포기할 것인지 고민될 것이다. 협상포기한계선을 얼마로 잡아야 할지, 즉 거래가격을 어느 선까지 깎아주어야 할지 난감할 것이다.

이때 당신이 어떻게 협상하느냐에 따라 상대를 조파 안으로 끌어올 수도 있다. 상대를 움직이려면 어떻게 해야 할까? 상대의 인식에 앵커링을 하면 된다. 즉 초기에 가졌던 인식이 잘못되었다는 점을 일깨워주면 된다. 예를 들면 상대가 미처 깨닫고 있지 못한 욕구(interest)를 자극하거나 새로운 안건을 추가하고, 그에 따른 가치(value)와 혜택(benefit)을 보여줌으로써 상대의 인식이 변하고 조파도 따라서 변할 수 있다. 협상이란 상호작용적 활동이라는 점을 잊지 말자.

조파는 어떻게 활용할 것인가

상대와의 협상에서 조파가 존재할 때는 본격적으로 밀고 당기기를
시작해야 한다. 이때 좀 더 나은 조건을 확보하기 위해 상대를 압박
하는 전략을 쓰고 싶다면, 먼저 상대의 유보가치 즉 협상포기한계
선을 파악해야 한다. 그 한계선에 가까이 가면 갈수록 당신의 이익
을 최대화(maximize)할 수 있다.

상대의 협상포기한계선을 알아보는 가장 좋은 방법은 어느 선까
지 양보가 가능한지 질문하는 것이다. 그러나 직접적으로 물어보면
상대가 순순히 알려줄 리 없다. 부드럽게 유도 질문을 던지면서 상
대의 마지노선을 추정해야 한다. 앞에서 예로 든 대도시 상가 근처
의 택지 매매 사례에서 토지를 매각하려는 사람은 상대의 마지노선
을 파악하기 위해 다음과 같이 질문을 던졌다.

"만약 상업용지로 개발된다면, 가치가 매우 높아질 겁니다. 그
점을 염두에 두고 계신 거죠?"

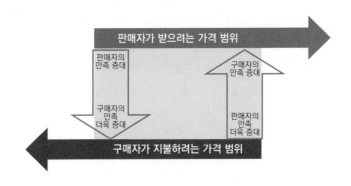

이런 식의 유도성 질문이 의도하는 것은 상대방의 인식에 닻을 내리기 위함이다. 상업용지로 개발된다면 땅값은 올라갈 것이고 따라서 상대가 지불할 땅값의 최대치를 이끌어내겠다는 질문이다.

또 다른 질문법은 'What if'다. 상대에게 '만약에'라는 질문을 던지게 되면 상대가 답변하기 좀 더 수월해진다. 어디까지나 만약의 경우를 가정하여 던지는 질문이기 때문에 부담이 줄어들기 때문이다. 예를 들어, 당신이 유리컵을 구매한다고 생각해보자. 상대가 당신이 요구한 특정 가격으로는 납품하기 어렵다며 버틸 때 다음과 같이 얘기하는 것이다.

"네, 잘 알겠습니다. 더 이상 단가 인하가 어렵다는 말씀이시죠? 그러면 만약 계약 물량을 두 배로 상향 조정한다면 제가 요구한 단가를 수용하실 수 있나요?"

"대금 결제 조건을 3개월 어음이 아닌 현금결제로 완화한다면 어떨까요?"

이런 식으로 잇달아 질문을 던지면 거래 구역이 어디까지 확장될 수 있는지 파악할 수 있다. 'What if'라는 질문을 던짐으로써 협상에서 새로운 가치를 만들 수 있는 가능성을 모색해볼 수 있는 것이다.

▶ 마무리 – 결과를 기록하고 공유하라

협상의 마무리 단계에서는 최종 합의를 이끌고 협상 참가자 서로가 그것을 명확히 공유해야 한다. 이를 위해 어떠한 과정을 거쳐야 하는지, 최종 합의안에 언제, 어떻게 '예스'라고 말해야 하는지, 상대로부터 어떻게 '예스'를 이끌어내야 하는지 등을 살펴보자.

▶▶ 협상의 결렬

협상의 최종 목표는 합의에 도달하는 것이다. 그러나 때로는 협상하지 않는 것이 최고의 협상이 될 수도 있다. 협상 마무리 단계의 과정들을 살펴보기 전에 먼저 협상 결렬 상황에 대해 짚어보자.

협상의 결렬에는 협상 연기와 포기가 있다. 협상 연기는 그야말로 서로의 입장이 팽팽히 맞선 상태에서 한 발짝도 전진하지 못할 때 일단 냉각기간을 갖는 것이다. 그 기간 동안 다시 한 번 상대의 제안에 대해 생각해보고, 이 협상을 통해 자신(조직)이 궁극적으로 얻으려는 것이 무엇인지를 차분히 정리해보면 좋은 결과로 이어질 수 있다. 협상에서 제기된 세세한 조건에 매달리기보다는 시야를 넓고 크게 보면 새로운 방안이 떠오를 수 있다. 나무가 아니라 숲을 보기 위해 시간을 가지는 것이다. 한편, 협상 포기는 상대의 제안이나 요구조건이 당신이 갖고 있는 유보가치보다 낮을 때, 그래서 협상의 필요성을 느끼지 못할 때 행한다. 즉 합의가능구역인 조파가 없는 경우이다.

그렇다면 언제 협상을 그만두는 것이 최선의 선택일까? 다음과 같은 상황이라면 협상테이블에서 떠나야 한다.

- **상대가 당신이 생각하고 있는 마지노선 이상을 강요할 때**: 상대가 내세운 조건이 당신의 배트나보다 좋지 않은 조건일 때는 협상을 멈춰야 한다.

- **상대방에게 신뢰가 가지 않을 때**: 상대방이 협상을 이행할 능력이 없어 보일 때, 또는 비현실적인 이익을 운운할 때는 한 걸음 물러서서 현실성 여부를 따져봐야 한다. 상대가 정말 약속을 이행할 수 있을까? 계약 이행을 위해 내가 계속 재촉해야 하는 것은 아닐까? 만약 그 답변이 '글쎄' 또는 '아마도'라면 협상을 멈춰야 한다.

- **단기적인 수익보다 장기적인 문제가 예상될 때**: 단기적인 거래 성사에만 집착하다 보면 좋지 않은 선례가 남거나, 협력 관계가 훼손되어 장기적으로 손해를 입을 수도 있다. 이런 상황이라면 협상을 차라리 그만두는 것이 좋다.

요컨대 위험한 합의나 어설픈 타결보다는 포기가 낫다. 결렬이라는 심리적 부담, 조직에서 받게 될지도 모르는 비난 등이 두려워 마지못해 동의해버리는 것은 어리석고 비겁한 행동이다. 때로는 과감히 결렬을 선언하고 자리를 뜰 수 있는 사람이 진정한 협상가다. 무의미한 협상은 시간 낭비에 불과하며 협상 참가자 모두를 지치게 만들어 잘못된 결론을 도출하기 십상이다.

▶▶ 언제 '예스'라고 말해야 하는가

대전에서 직장생활을 하던 IT전문가 김봉달 부장은 지난달 경기도 판교 테크노밸리의 IT업체 다산솔루션㈜로부터 스카우트 제의를 받았다. 평소 입사하고 싶었던 회사에서 연락을 받았기에 어깨가 으쓱해지는 한편 다시 서울로 이사할 생각에 마음이 들떴다. 하지만 해결해야 할 사안이 있었다. 다산솔루션㈜에서는 정규직 채용에 앞서 3개월 수습이라는 인사 제도가 있었다. 김봉달 부장은 이 부분이 마음에 걸렸다. 수습이라는 제도가 신입사원에게 적용되는 것으로 알고 있는데 경력자인 본인에게도 해당된다고 하니 어쩐지 찝찝했다. 망설이던 끝에 용기를 내어 인사책임자에게 전화를 했다.

"죄송합니다만 제 개인적인 성과나 역량을 잘 알고 계시잖아요. 저는 수습기간 3개월을 거쳐야 한다는 사실이 잘 받아들여지지가 않네요."

이렇게 말하자 인사책임자는 누구에게나 적용되는 회사 내규라고 했다. 그럼에도 김봉달 부장이 계속 경력에 대해 얘기하자 그는 크게 한숨을 쉬면서 정말 예외적으로 이번에 한하여 수습기간은 면제해주겠다고 했다. 그다음에는 연봉협상이 있었다. 회사측 제시 금액은 예상보다 낮았다. 김 부장은 지금 받고 있는 연봉 수준이 있는데 그럴 수는 없다며 강하게 연봉 인상을 주장했다. 우여곡절 끝에 회사는 김 부장의 연봉 인상 요구도 들어줬다. 거기에다 부장 직위에 자녀 학자금 수당까지 지급하는 것으로 결론을 냈다. 연봉협상까지 끝내자 인사책임자는 물었다.

"이제 됐습니까?"

"저, 죄송하지만 하나만 더 말씀드리고 싶은데요. 거주지를 옮기는 것은 저와 제 아내에겐 작은 일이 아닙니다. 아내는 현재 다니는 직장을 그만두고 판교 근처에 새 직장을 알아봐야 할 테고요. 그래서 말인데 근무 시작을 한 달만 미뤄도 되겠습니까?"

잠시 무거운 침묵이 흐르더니 인사책임자는 대답했다.

"그 문제는 조금 생각해보고 답변을 드리겠습니다."

면담이 끝난 수요일 이후 회사로부터 한동안 소식이 없었다. 이틀이 지난 금요일 저녁, 김봉달 부장에게 다산솔루션㈜ 인사책임자로부터 이메일 한 통이 날아왔다. 거기에는 아래와 같이 쓰여 있었다.

"김봉달 님, 저희 다산솔루션㈜는 김봉달 님께 말씀드렸던 채용 제의를 철회합니다."

김 부장은 어안이 벙벙했다. 다산솔루션㈜에서는 그의 요구사항을 대부분 다 들어주었기에 모든 것이 잘 풀려간다 생각했는데 이게 무슨 날벼락이란 말인가? 근무 시작을 한 달 뒤로 미뤄주지 않는다고 해서 그 자리를 포기할 생각은 전혀 없었다. 김 부장은 그저 근무개시일 조정이 가능한지 알아보고자 했을 뿐이다. 만약 한 달 뒤가 아니라 즉시 근무하는 것을 회사가 요구했다면 김 부장은 어떤 수를 써서라도 그 시기를 맞췄을 것이다. 그런데 왜 인사책임자는 그 자리에서 바로 거절하지 않았을까? 김 부장은 다산솔루션㈜에 근무하고 있는 지인에게 전화를 걸어 인사책임자의 마음을 돌릴 수 있을지 알아봤다. 지인에게서 돌아온 대답은 다음과 같았다.

"이미 상황은 끝난 것 같아. 네 편을 들어주려 했지만 사람들 마음이 이미 떠났더라구. 연애할 때도 그런 식이라면 결혼생활은 더 할 거라는 거지. 심지어 인사규정을 어기면서까지 채용을 해야 할 정도냐는 거야."

결국 일은 무산되었다. 물론 김 부장은 현재 직장에서 훌륭하게 업무를 수행하며 잘 지내고 있다. 하지만 자신의 커리어에 큰 디딤돌이 되었을 이직 기회를 날려버린 것에 대해서는 크게 자책하고 있다. 돌이켜보니 다산솔루션㈜ 인사책임자의 제안을 그대로 받아들여야 했다는 생각이 든다. 물론 이 생각은 혼자만의 과장된 결론일 수도 있다. 수습기간도 예외적으로 철회되었고, 직위, 연봉 등 김 부장이 원하는 대로 협상에 성공하지 않았는가. 인사책임자가 등을 돌렸던 것은 김 부장이 그 이상을 요구했을 때였다.

협상이 끝나는 시점은 언제인가? 상대와의 협상에 아무런 진전이 없고, 당신에게 더 매력적인 대안이 있다면 협상을 끝내야 할 타이밍을 알기 쉽다. 그러나 협상이 잘 진행되고 있을 때에는 그 타이밍을 찾기가 쉽지 않다. 상대가 당신에게 충분히 만족스러운 제안을 해왔을 때, 그것을 수락하고 협상을 마무리해야 하는가? 아니면 좀 더 나은 조건을 위해 상대를 더 밀어붙여야 하는가? '예스'를 말해야 할 타이밍과 그것을 어떻게 말해야 하는지, 나아가 상대로부터 어떻게 '예스'를 이끌어내야 하는지를 아는 것은 협상 성공에 직결되는 중요한 문제다.

거래를 결렬시키지 않고 과연 어느 선까지 상대를 밀어붙일 수 있는지 시험하는 유일한 방법은 상대의 제안보다 좀 더 나가보는 것이다. 예를 들어, 제한속도가 100킬로미터인 고속도로에서 105킬로미터로 달린다고 해도 속도위반으로 걸리지는 않는다. 운이 좋다면 115킬로미터까지도 괜찮을 수 있다. 하지만 시속 120킬로미터를 넘긴다면 자신의 운을 과신하는 것이다. 김봉달 부장이 인사책임자에게 마지막으로 한 말의 의미가 무엇인지는 해석의 차이가 있을 수 있다. 김 부장은 자신이 무척 현실적인 질문을 했다고 생각했다. '물어봐서 나쁠 건 없지 않은가?' 하지만 인사책임자는 김 부장의 질문을 요구사항으로 들었고, 요구사항이 갈수록 뻔뻔해진다고 생각했다.

김 부장은 이번 채용 협상의 실패 원인이 대부분 자신에게 있다고 인정한다. 그는 더 나은 조건을 얻어내는 데서 오는 장점만 생각했지, 상대가 자신의 요구를 어떻게 바라볼지는 미처 생각하지 못했다. 어쩌면 인사책임자는 김 부장을 스카우트하려고 이런저런 채용조건을 검토하고 조직 내 동의를 받아내기 위해 최선을 다했을지 모른다. 그 과정에서 다른 직원들이 자신들보다 훨씬 나은 조건으로 새로운 부장이 채용된다는 사실에 불평을 늘어놓았을지도 모른다.

협상이 결렬된 데는 인사책임자의 책임도 있을 수 있다. 김 부장의 여러 조건을 인사책임자는 대부분 수용했음에도 불구하고 또다시 요구조건을 내세운 김 부장이 뻔뻔스럽다고 생각했을 것이다. 어쩌면 그는 '노'라고 말하길 어려워하는 사람일지도 모른다. 그가 "이제 됐습니까?"라고 물었을 때, 김 부장은 그 질문 그대로 다른 요구사항은 없냐고 묻는 것으로 알아들었다. 하지만 그 질문에 담긴 인사책임자의 속뜻은 '이제 마음에 드시나요? 웬만하면 이 정도

선에서 끝내시죠!'였던 것이다. 김 부장은 인사책임자의 미묘한 경고를 흘려버리고 말았다.

협상에서 상대방이 가지고 있는 마지노선은 가늠하기 어렵다. 그렇다고 상대가 쉽게 밝힐 리도 없으니 다양한 가능성을 생각해야 한다. 만약 김 부장이 협상 도중 간단한 의사결정 트리를 그려봤더라면, 좀 더 명확히 상대의 마지노선을 알 수 있지 않았을까? 이를테면 다산솔루션㈜에서 제시한 조건을 일단 수락하는 것이다. (꽤 괜찮은 조건이므로 그 정도에서 수락해도 나쁘지 않다.) 그러고 나서 다른 선택, 즉 그 제안을 그대로 수락하는 대신 다른 조건을 붙이는 방안이 있다.

"네, 그대로 하시죠. 근데 근무 시기를 한 달 후로 늦추는 것은 어렵겠죠?"

이렇게 넌지시 조건을 슬쩍 걸어보는 것이다. 이 선택의 결과는 인사책임자의 반응에 전적으로 달려 있다. 어떻게 받아들이느냐에 따라 더 나을 수도, 더 나쁠 수도, 아니면 동일할 수도 있다. 의사결정 트리상에 선택방안이 현실화될 확률을 정확하게 계산하기는 불가능한 일이다. 하지만 인사 채용에 있어서 근무개시일을 한 달씩이나 늦춰달라는 요구는 상황에 따라 무리한 것이라고 김 부장은 생각했어야 했다. 결국 그러한 요구가 인사책임자의 인내심을 넘어서고 말았던 것이다.

이처럼 김 부장이 여러 가지 대안을 정리해봤다면, 결과는 달라졌을 것이다. 자신이 잃을 수 있는 것과 얻을 수 있는 것을 비교해봤다면 말이다. 만약 추가로 얻을 수 있는 것이 잃을 수 있는 것에 비해 보잘것없다는 점을 알았다면, 좀 더 나은 의사결정과 성공적인 협상을 할 수 있었을 것이다.

당신이 상대에게 조건을 추가로 요구할 때는 상대 또한 당신에게 무언가를 요구할 수 있음을 알아야 한다. 협상은 상호작용적이기 때문이다. 그러므로 협상에서 상대를 물고 늘어지려 한다면 그로 인한 리스크에도 불구하고 그럴 만한 가치가 있어야 한다. 물론 당신에게 훌륭한 배트나가 있다면 얘기는 달라진다. 얼마든지 강하게 밀어붙여도 된다. 하지만 배트나가 좋지 못하다면 리스크와 가치를 동시에 감안해야 한다.

▶▶ 어떻게 '예스'라고 말해야 하는가

상대의 제안을 수락하는 것은 인터넷 쇼핑몰에서 결제하기 버튼을 누르는 것과는 사뭇 다르다. 협상에서는 단순히 동의한다는 것 이상의 의견을 표현할 줄 알아야 한다. 노련한 협상가는 자신이 추구하는 목표에 따라 다음과 같은 네 가지 표현 방법을 사용한다.

① "그래요. 정말 좋습니다. 이 거래를 위해 최선을 다해주셨고 저도 최고의 거래가 될 수 있도록 노력하겠습니다."
② "좋습니다. 조금 아쉬운 면이 있지만 이 정도에서 마무리하시죠. 감사합니다."
③ "아주 좋아요. 거래가 성사되었네요. 마지막으로 한 가지 문제만 도와주신다면 정말 감사하겠습니다."
④ "좋아요! 월말까지 납품을 해주신다면 거래는 성사된 겁니다."

①은 감사를 표현하고 있다. 상대가 관대하게 해줬다면 (상대도 그 사실을 알고 있기 때문에) 그에 대한 감사의 표현을 해야 한다. 이때 표현 그 자체가 중요하다는 점을 기억하라. 감사의 표현은 상대와의 관계를 더욱 강화시킬 뿐만 아니라 앞으로 있을 협력관계의 기초를 다지는 데도 도움이 된다.

②는 ①보다는 다소 신중한 태도를 보이는 것으로 상대가 당신을 한계점까지 밀어붙였음을 시사하고 있다. 이런 메시지는 상대가 이 거래에 대해 윗선의 결재를 받아야 하는 상황에서 더욱 효과적이다. 그리고 상대에게 자신이 유리한 거래를 성사시켰다는 승리감을 안겨주기 때문에 당신에게도 유리하다. 만약 이렇게 표현하지 않고 밋밋하게 감사의 표시만 한다면, 상대의 상사나 고객이 추가협상을 해오라고 지시할 수도 있다.

③은 양다리 전술을 보여준다. 거래 결렬의 위험을 최소화하면서 동시에 더 나은 거래의 가능성을 열어두고 있는 것이다. 거래가 성사되었음을 명확히 한 뒤 "마지막 한 가지 문제를 도와달라"고 말하면 이 문제는 거래 성사의 전제조건이 아니라 '부탁'으로 받아들여진다. 즉 그 부탁은 들어줄 수도 있고 안 들어줄 수도 있다. 하지만 그럼에도 불구하고 이런 표현은 해둘 필요가 있다. 이는 8장에서 다룬 니블링 전술에 해당한다. 협상이 타결되는 마지막 시점에 하는 작은 부탁은 대부분 상대가 수락할 가능성이 높다. 양측이 힘들게 합의했는데 다시 원점으로 돌아가 조건을 검토하고 싶지 않은 상대의 심리를 이용하는 것이다. 만약 김봉달 부장이 이렇게 표현했다면, 아마도 자연스럽게 근무시기 조정이 가능했을지도 모른다.

④는 조건부 거래 성사를 얘기하고 있다. 거래가 완벽하게 성사

된 것은 아니라서 상대는 이 말을 듣는 순간 마지막 조건을 수락할지 아닐지를 결정해야 한다. 상대가 이 조건에 동의한다면 다른 문제로 협상이 결렬되지는 않을 것이라는 점에서 고무적이다. 물론 이 마지막 장애물이 큰 문제일 수도 있고 사소한 문제일 수도 있다. 다만 이런 표현은 협상 전체를 미궁에 빠뜨리는 대신 한 가지 문제에 집중할 수 있게 해주어서 좋다. 상대는 당신의 요구를 수락할지 아니면 거절하는 것이 좋을지 저울질할 것이다.

다만 이 같은 표현을 하기 전에는 주의해야 할 점이 있다. 이후에 당신이 취할 행동을 먼저 생각해야 한다는 것이다. 만약 상대가 월말 납품을 거절한다면 당신은 협상 전체를 없던 일로 할 수 있겠는가? 그렇다면 당신의 의사를 분명하게 전달해야 한다. 하지만 상대가 거절한다고 해도 납품 일정을 일부 조정해줄 의향이 있다면, 당신의 체면이나 신뢰가 구겨지지 않으면서 한발 물러설 수 있는 방법을 생각해두어야 한다.

이처럼 '예스'를 말하는 방법에는 여러 가지가 있다. 이 네 가지 방법은 각각 다른 스타일과 기능을 가지고 있지만 향후 거래를 기대한다는 점에서는 똑같다. 협상 상황에 따라 상대와의 관계가 어떤 형태이냐에 따라 적절히 대응해야 할 것이다. 협상에서 한번 내뱉은 말은 주워 담을 수 없다. 따라서 협상에서의 대화는 언제나 전략적이어야 한다.

▶▶ 위험과 보상의 한계는 어디까지인가?

조금 전에 협상을 망친 김봉달 부장의 사례를 다뤘다. 이제 조금 다른 이야기를 해보고자 한다. 클리블랜드 인디언스 시절의 추신수 선수는 2010년 550타수 165안타로 타율을 정확히 3할에 맞추었고, 출루율 0.401, 장타율 0.485, 홈런 22개, 도루 22개, 타점 90점으로 시즌을 마감했다. 부상이 없었다면 30홈런도 가능하다는 전망이 나왔을 만큼 좋은 기량을 보여주었다. 2년 연속 20-20 클럽에 가입했는데 이는 아메리칸 리그의 두 번째 기록이었고 3할-22홈런-22도루는 클리블랜드 역사상 처음이었다.

2011년 시즌 시작 전, 추신수 선수는 구단과 연봉협상에 들어갔다. 팀 내에서 이 정도 성적이면 당연히 연봉이 상향될 것으로 기대하고는 있었지만 자신의 가치가 어느 정도인지는 확신을 가질 수 없었다. 결국 협상하기 나름이었다. 하지만 작년에 받은 46만 1,100달러보다는 당연히 많아야 한다고 생각했다. 그러한 생각은 구단도 비슷했다. 처음 협상테이블에 앉은 추신수 선수가 구단으로부터 제시받은 연봉은 300만 달러였다. 추신수 선수는 전년도 연봉의 6배가 넘는 금액이어서 잠시 '어안이 벙벙했다'고 당시를 회상했다. 협상 자리에 같이 갔던 친구는 그에게 속삭였다. "그렇게 하겠다고 해. 어서!"

하지만 추신수 선수는 즉답을 하지 않고 가만히 앉아 있었다. 그러자 단장이 다시 입을 열었다.

"사실 350만 달러까지는 올려줄 수 있네."

추신수 선수는 그 제안도 받아들이지 않았다. 그 대신 이렇게 말했다.

"동료 선수들이 그러는데 연봉협상이 원활치 않을 경우에는 협회에 연봉조정 신청을 해야 한다더군요. …… 하지만 저는 메이저리그 첫 소속팀인 클리블랜드 인디언스의 따뜻한 대우에 감사하고 있습니다."

단장은 고심 끝에 결국 연봉 397만 5,000달러(약 44억원)를 다시 제안하여 2011년도 단일시즌 계약을 체결했다. 연봉조정 중재까지 가지 않고도 지난해 연봉 46만 1,100달러보다 8.6배가 오른 금액에 깔끔하게 합의를 마쳤다. 추신수는 팀 내에서 트래비스 하프너(1,300만 달러), 그래디 사이즈모어(750만 달러), 파우스토 카모나(610만 달러)에 이어 네 번째 고액 연봉자가 됐다.

추신수 선수가 구단을 밀어붙여 원하는 것을 얻어낸 것은 영리한 전략이었을까? 아니면 구단이 추신수 선수를 포기하고(트레이드), 더 낮은 연봉으로 다른 선수와 계약하지 않은 것은 그저 운이 좋았기 때문일까? 합의를 도출하고 협상을 마무리할 때에는 위험과 보상의 균형을 잘 맞춰야 한다. 상대를 강하게 밀어붙일수록 더 많은 것을 얻어낼 수도 있지만, 더 많은 것을 잃을 수도 있다. 또한 상대에게 의사를 물어서 손해 볼 일이 없는 문제도 있고, 때로는 언급조차 해서는 안 될 문제도 있다. 이렇게 극단적인 문제 사이에 존재하는 일반적인 문제의 장단점을 정확히 구분하기란 쉽지 않다.

그렇다면 안전한 전략은 없을까? 그것은 상대의 제안보다 더 나은 조건으로 계약할 수 있을 것이라고 일단 전제해보는 것이다. 그런 다음 협상 진행 과정에서 상대와의 대화를 통해 힌트를 잡아내거나, 다른 경로를 통해 얻은 상대의 마지노선에 대한 정보를 바탕으로 다시 전제를 설정해야 한다. 당초 설정했던 목표에 연연하지 말고 협상테이블에서 일어나는 상황 변화에 따라 유연하게 대처해야 한다.

추신수 선수가 잘했던 것은 상대의 반응을 살피며 더 나은 조건이 나올 때까지 기다릴 줄 알았다는 점과 다음과 같은 멘트를 건넸다는 점이다.

"하지만 저는 메이저리그 첫 소속팀인 클리블랜드 인디언스의 따뜻한 대우에 감사하고 있습니다."

이것은 본인의 속마음을 어느 정도 드러내면서 상대를 인정한 것이다. 이 말을 들은 상대는 뭔가 좀 더 배려해야겠다고 생각했을 것이다.

상대로부터 더 얻을 수 있는 가능성이 있다고 해서 계속 밀어붙이면 곤란하다. 협상가들 사이에는 이런 말이 있다.

"거래에 걸린 돈을 당신이 다 가지려고 하지 마라. 당신이 모든 돈을 다 가져간다는 소문이 돌면 당신을 거부하는 사람이 많아질 것이다."

욕심이 과하면 일을 그르칠 수 있다. 요컨대 당신의 본능이 이쯤에서 협상을 마무리하라고 하든, 계속 협상하라고 하든, 곰곰이 생각해보는 시간을 반드시 갖도록 하자. 상대를 계속 밀어붙이는 쪽으로 기운다면 그 근거는 무엇인지, 물어봐서 손해 볼 것은 없다고 생각한다면 그 근거는 무엇인지 확인하라. 반대로 협상을 마무리하는 게 좋겠다면 최선의 결과를 얻었다고 생각하는 근거는 무엇인지 확인하라. 촉이 잘 발달한 노련한 협상가들은 자신이 지나친 요구를 했다 싶을 때를 감지하고 거래가 결렬되기 전에 한발 물러설 줄 안다.

▶▶ 협상의 마침표 찍기

최종 합의를 하기 전에 당신이 마지막으로 해야 할 일은 타결 조건이 과연 성공적인지 아닌지를 판단하는 일이다. 협상 전에 세웠던 목표와 비교해보는 것은 기본이다. 아마 대부분 달성하기는 힘들었을 것이다. 협상 도중 예기치 않았던 변수가 생기고, 때로는 강하게 요구하는 상대에게 불가피하게 양보할 수밖에 없었을 테니 말이다. 그러므로 최종 합의를 하기 전에 당신의 욕구가 충족되었는지, 당신이 가진 배트나보다 나은 조건인지를 꼭 짚어보아야 한다. 욕구는 고정된 것이 아니다. 상황에 따라 변할 수 있다. 협상 도중 상대가 제시하는 조건 중에는 생각하지 못했던 것들이 튀어나올 수 있기 때문이다. 당초 가지고 있던 욕구와 변화된 욕구를 다시 한 번 확인하자. 그리고 자신의 배트나에서 얻을 수 있는 조건과 비교해본 다음에야 비로소 성공적인지 아닌지를 판단할 수 있다.

한편, 협상을 성공적으로 성사시킨 후에는 상대가 보는 앞에서 만족감을 지나치게 표현하지 않도록 주의해야 한다. 조금은 아쉽다는 표정이나 의사표명을 하는 것이 좋다. 이때야말로 포커페이스

(poker face)가 필요한 시점이다. 승리의 쾌감은 잠시 접어두고 상대방을 배려해야 한다. 상대방 역시 좋은 거래를 했다고 느끼도록 해야 한다.

"이번 협상은 너무 힘들었습니다. 회사에 돌아가면 질책받을 것
같아요."
"저희에게 이런 조건은 처음입니다. 특별히 이번에만 허용한 겁
니다."

당신이 많이 양보했음을 각인시키게 되면 상대에게 승리감을 안겨줄 수 있다. 노련한 협상가는 자기 자신을 위해 최선의 거래를 성사시키지만 상대방 역시 협상 결과에 만족할 수 있도록 이끈다.

끝으로 협상의 결과를 서로가 명확히 공유하고 기록해야 한다. 협상에 서툰 사람들은 중간 합의 내용을 확인하지 않는 경향이 있다. 양측이 계속 얘기했기 때문에 잘 알고 있을 것이라고 착각하는 것이다. 그러나 잊지 말아야 할 분명한 사실은 협상의 최종 목표는 합의에 도달하는 것이라는 점이다. 합의라는 것이 단순히 계약서에 서명하는 행위를 의미하지는 않는다. 양측이 원하는 대로 모두 합의되었는지 최종 확인하는 것이 중요하다. 그래서 협상 중간마다 합의된 사항을 기록하는 작업이 필요하다. 그리고 기록한 내용을 상대에게 읽어주면서 인지시켜주어야 한다. 이러한 작업은 수고스럽지만 당신이 기꺼이 나서서 하는 것이 좋다. 이렇게 하게 되면 부지불식간에 협상의 주도권과 통제권을 쥐는 효과가 있기 때문이다. 또한 협상의 진행을 컨트롤하는 데 도움이 되며 쌍방이 가질 수 있는 불

필요한 오해와 실수를 줄이고, 자칫 모호해질 수 있는 사항을 명확하게 짚어내는 데도 도움이 된다.

요컨대 상대와 협의된 모든 사항을 기록하라. 언제 어디서 협의를 했는지, 내용은 무엇이었는지 자세히 기록하라. 협의된 거래 내용을 상대에게 보여주고 핵심에 대해 공유하자. 문서화된 내용은 양측이 논의한 사항을 명확하게 해주는 것은 물론이고, 서로 노력해 온 것에 대한 결과물을 보여줌으로써 시간 낭비를 하지 않았음을 드러내는 증거가 된다. 또 다른 효과는 협의 사항 번복을 방지하고 가장 중요한 계약 이행을 공고하게 만드는 것이다. 말로만 하는 합의보다는 믿음직스럽고 논리적으로 포장된다.

☑ 협상에서 자신이나 조직이 원하는 것이 무엇인지 인지하는 것은 매우 중요하다. 명확한 목표 설정은 성공적인 협상의 출발점이다. 목표를 명확히, 그리고 높게 설정할수록 그것을 달성하려는 성취 동기는 높아진다. 목표를 달성하기 위해 보다 많은 정보를 수집하고 다양한 대안을 고민하는 과정에서 협상 전략은 좀 더 치밀해진다.

☑ 복잡한 협상일수록 목표의 우선순위를 미리 설정해두는 것이 바람직하다. 그래야 실제 협상에서 상대가 어떻게 나오느냐에 따라 유연하게 대처할 수 있다. 목표의 우선순위를 세워두면 상황 변화에 적절히 대응할 수 있다.

☑ 협상력은 정보력이라고 할 만큼 '정보 수집'은 협상 결과에 큰 영향을 미친다. 상대의 협상 목표, 약점과 강점, 배트나, 시간 제약 사항 등에 대한 정보를 부지런히 수집하고 파악하라. 이를 통해 전략적 실수를 줄이고 협상의 주도권을 잡을 수 있으며, 상대에게 신뢰를 얻을 수도 있다.

☑ 협상 시작의 분위기가 결과에도 큰 영향을 미칠 수 있다. 상대와 처음 마주했을 때 어떻게 말머리를 열지, 어떤 의제부터 시작해 대화를 이어갈지 등을 세심히 고민하고 준비하라. 서로가 공감할 수 있는 이야기, 상대의 기분을 좋게 하는 덕담, 가벼운 의제는 협상 초반 호의적인 분위기를 형성하는데 도움이 된다.

☑ 본격적으로 협상에 돌입했을 때 가장 먼저 할 일은 사전에 조사한 내용을 탐색(확인)하는 것이다. 우회적으로, 그리고 점진적으로 질문을 던지면서 당신이 사전조사를 통해 추정하고 세웠던 가정을 확인하라. 이 과정을 통해 상대의 생각을 읽을 수 있다.

key point

☑ 협상에서 누가 먼저 제안을 할 것인가, 어떻게 제안할 것인가는 매우 중요하다. 이를 통해 협상 분위기를 이끌 수 있고 주도권을 가질 수 있기 때문이다.

☑ 협상에서 상대와 원만한 합의를 이루기 위해서는 양보가 필요하다. 양보는 매우 기술적인 영역에 속한다. 똑같은 양보라 하더라도 당신이 어떻게 하느냐에 따라 상대의 인식이 바뀌므로 언제 어떠한 방식으로 양보할지 고민하고 '가치 있는 양보'를 하라.

☑ 조파(Zone of Possible Agreement, ZOPA)는 합의가능구역이라는 의미로, 상대와 당신의 협상포기한계선(마지노선) 사이의 구역을 말한다. 가격 협상에서 조파는 물건을 팔려는 사람의 최저판매가격과 사려는 사람의 최고구입가격 사이의 범위라고 할 수 있다. 이 구역 내 어떤 지점에서든 양측이 동의만 한다면 최종 거래가 성립될 수 있다.

☑ 협상 포기는 상대의 제안이나 요구조건이 당신이 갖고 있는 유보가치보다 낮을 때, 합의가능구역인 조파가 없는 경우에 행해야 한다. 때로는 과감히 결렬을 선언하고 자리를 뜰 수 있는 사람이 진정한 협상가다.

☑ 협상의 마무리 단계에서 언제, 어떻게 '예스'를 말해야 하는지, 나아가 상대로부터 어떻게 '예스'를 이끌어내야 하는지를 고민하고 신중히 행해야 한다. 이는 협상 성공에 직결되는 중요한 문제다.

☑ 협상의 최종 목표는 합의에 도달하는 것이다. 따라서 협상의 결과를 서로 명확히 공유하고 기록함으로써 협상의 마침표를 분명히 찍어야 한다.

당신이 이룰 최고의 협상을 응원하며 —

이 책을 쓰면서 떠오른 사람이 있다. 현대통합구매실에서 용접봉 구
매담당을 하고 있을 때다. 일반 철강재를 용접하는 것이 아니라 알
루미늄이나 수중용 등 소위 특수용접봉을 수입하여 납품하던 권
사장이라는 이가 있었다. 다른 납품업체들이 기회만 있으면 구매담
당자와 자리를 만들려고 하는 것과 달리, 그는 특이하게도 내게 밥
을 먹자거나 술을 먹자는 얘기를 한 번도 건네지 않았다. 이른바 고
객접대를 하지 않은 것이다. 납품조건 협상을 할 때도 다른 업체와
달랐다. 경쟁사들은 견적서 제시 후 협상하여 조정을 하는 식인 데
반해, 그는 견적을 제시한 다음에도 가격 협상은 절대로 하지 않았
다. 구매담당자의 가격인하 요구를 묵살하다니, 처음에는 건방지다
는 생각이 들기도 했다.

　　그러나 권 사장이 제시하는 견적을 여러 차례 접하면서 나
의 생각은 달라졌다. 권 사장은 제조원가 명세표, 수입면장, 송장
(invoice)까지 소상하게 견적서에 첨부하였고 심지어 자체 마진과
일반관리비까지 공개하였다. 마치 회사 내부의 결재서류를 보는 듯
한 느낌이 들 정도로 너무나도 투명한 견적서였다. 납품업체 견적서
를 받으면 대개 구매담당자는 부풀려진 곳은 없는지 의심의 눈으로
살피기 마련이다. 그런데 권 사장의 견적은 그럴 이유가 없었다. 가

격이 비싸니 싸니 할 여지가 없고, 조건과 씨름할 일이 없으니 일의 효율성이 높아지고 업무시간도 줄어들었다. 점차 권 사장의 일관성 있는 태도에 믿음이 갔고 그가 제시하는 견적서도 신뢰할 수 있었다. 협상에서 서로 믿음을 주고받는 '신뢰'가 얼마나 중요한 일인지 그를 통해 새삼 깨닫게 되었다.

이 책에서도 언급했지만 인간관계에서 가장 소중한 덕목은 '신뢰'요, 신뢰는 협상에 결정적인 영향을 미치는 궁극적인 요소이기도 하다. 비즈니스 협상뿐만 아니라 친구, 가족, 연인, 심지어 국가 간의 협상에서도 마찬가지다. 신뢰를 바탕으로 상대의 욕구를 파악하고 그것을 채워주기 위해 행동할 때 그에 상응하는 상대의 행동을 불러일으킬 수 있으며, 단기적 이익을 넘어 장기적으로 서로 윈윈하는 최고의 협상을 이루어낼 수 있다.

책을 마무리하면서 바람이 있다면 이 책을 읽은 독자들이 부디, 이 책의 내용을 신뢰할 수 있기를 바란다. 그리하여 다양한 협상 상황에 직면했을 때 이 책이 전하는 협상의 노하우들을 꺼내어 유용하게 활용할 수 있기를, 각자의 분야에서 최고의 협상을 이루어낼 수 있기를 소망한다.

2018년 어느 가을날

이태석

참고도서

1. 김경일 (2014).《지혜의 심리학》. 진성북스.
2. 김병윤 (2007).《비즈니스 협상의 A to Z》. 해냄출판사.
3. 데이비드 랙스, 제임스 세베니우스 (2015).《당신은 협상을 아는가》 (선대인, 김성훈 외 역). 웅진지식하우스.
4. 데이비드 올리버 (2007).《속지마 비즈니스 협상》 (정정한 역). 비즈니스맵.
5. 도널드 트럼프 (2016).《거래의 기술》 (이재호 역). 살림.
6. 디팩 맬호트라 (2017).《빈손으로 협상하라》 (오지연 역). 와이즈베리.
7. 로널드 샤피로, 마크 얀코프스키, 제임스 데일 (2003).《협상의 심리학》 (이진원 역). 미래의 창.
8. 로렌스 서스킨드 (2016).《아직도 협상이 어려운가》 (박슬라 역). 청림출판.
9. 로버트 누킨 (2011).《하버드 협상의 기술》 (김세진 역). 21세기북스.
10. 로저 피셔, 다니엘 샤피로 (2013).《원하는 것이 있다으면 감정을 흔들 어라》 (이진원 역). 한국경제신문.
11. 로저 피셔, 윌리엄 유리, 브루스 패튼 (2014).《Yes를 이끌어내는 협 상법》 (박영환, 이성대 역). 장락.
12. 마츠모토 유키오 (2004).《협상의 천재가 되는 마법의 법칙》 (이윤희 역). 가야넷.
13. 마크 도미오카 (2009).《유대인 3000명에게 Yes를 이끌어낸 협상》 (전세롬 역). 비전비엔피.

14. 맥스 베이저먼, 디팩 맬호트라 (2008).《협상 천재》(안진환 역). 웅진지식하우스.

15. 맥스 베이저먼, 마가렛 닐 (2007).《협상의 정석》(이현우 역). 원앤원북스.

16. 스튜어트 다이아몬드 (2011).《어떻게 원하는 것을 얻는가》 (김태훈 역). 에이트포인트.

17. 스티븐 코비 (2009).《신뢰의 속도》(김경섭, 정병창 역). 김영사.

18. 안세영 (2009).《글로벌 협상전략》. 박영사.

19. 윌리엄 유리 (1994).《No를 극복하는 협상법》(박영철 역). 장락.

20. 전성철, 최철규 (2009).《협상의 10계명》. 엘도라도.

21. 최철규, 김한솔 (2013).《협상은 감정이다》. 쌤앤파커스.

22. 허브 코헨 (2011).《협상의 법칙 Ⅱ》(안진환 역). 청년정신.